Die geflügelten Kätzchen von Aigio

- Eine moderne Mythologie –

Antje Chomley

~ ~ ~ ~ ~ ~ ~ ~ ~ ~ ~ ~ ~ ~

Τα ιπτάμενα γατάκια του Αιγίου

- Μια σύγχρονη Μυθολογία –

Αντγιε Τσόμλεϋ

Zweisprachige Ausgabe
Griechisch – Deutsch

~ ~ ~ ~ ~

Δίγλωσση έκδοση
Ελληνικά – Γερμανικά

Die geflügelten Kätzchen von Aigio

- Eine moderne Mythologie –

Antje Chomley

~ ~ ~ ~ ~ ~ ~ ~ ~ ~ ~ ~ ~ ~

Τα ιπτάμενα γατάκια του Αιγίου

- Μια σύγχρονη Μυθολογία –

Αντγιε Τσόμλεϋ

Zweisprachige Ausgabe
Griechisch – Deutsch

~ ~ ~ ~ ~

Δίγλωσση έκδοση
Ελληνικά – Γερμανικά

Bibliografische Information der Deutschen Nationalbibliothek:
Die Deutsche Nationalbibliothek verzeichnet diese Publikation in der Deutschen Nationalbibliografie; detaillierte bibliografische Daten sind im Internet über http://dnb.ddb.de abrufbar.

ISBN 978-3-96103-148-1

Umschlaggestaltung:
Astrid Gavini & Antony Chomley
Übersetzung ins Griechische:
Elena Maria A. Sogia & Antonios Sogias

~ ~ ~ ~ ~ ~ ~ ~ ~ ~ ~ ~ ~

Σχέδιο του εξωφύλλου:
Αστριντ Γαβινη & Αντονις Τσόμλεϋ

Μετάφραση στα ελληνικά:
Ελενα Μαρια Α. Σογια & Αντονις Σογιας

www.rediroma-verlag.de
10,95 Euro (D)

Περιεχόμενα

Inhaltsverzeichnis

Πρόλογος

Κανονικά δεν ήθελα να γράψω για γάτες. Κανονικά!

Είμαι της άποψης ότι υπάρχουν ήδη πολλές, κι εν μέρει θαυμάσιες ιστορίες για αυτά τα εξαιρετικά, γεμάτα μυστήρια ζώα. Τελικά όμως, μια μέρα, μου ήρθε μια ιδέα, που δε με άφηνε καθόλου. Κι έτσι το νοικοκυριό (για μια άλλη φορά) έμεινε πίσω. Ο αγαπημένος μου σύζυγος φρόντιζε να έχω να φάω που και που και η κούπα μου να είναι πάντα γεμάτη καφέ. Γιατί, όταν σε πιάνει μια ιδέα για μια ιστορία, όλα γύρω σου χάνουν τη σημασία τους.

Επειδή ο άνδρας μου, ο Antony, που είναι πάντα ο πρώτος που διαβάζει τα πρόχειρά μου, είτε του το ζητώ είτε όχι με υποστηρίζει σθεναρά με τις ιδέες του, του το λέω και τώρα εδώ μέσα: Χίλια ευχαριστώ αγάπη μου!

Αυτό το βιβλίο το αφιερώνω σε όσους αγαπάνε τις γάτες για να τους φέρει κοντά στον κόσμο των παραμυθιών. Ιδιαίτερα, όμως, το έγραψα για τους Έλληνες φίλους και γνωστούς μου, που δε γνωρίζουν τη γερμανική γλώσσα.

Είναι ένα "ευχαριστώ" για όλους αυτούς τους θαυμάσιους ανθρώπους που ζουν σε αυτή τη φανταστική χώρα και που είχα ή έχω τη χαρά να τους γνωρίσω. Σας ευχαριστώ πολύ που αφιερώνετε το χρόνο σας να διαβάσετε την ιστορία μου για «***Τα ιπτάμενα γατάκια του Αιγίου***».

Σας εύχομαι πολλή διασκέδαση με αυτό το βιβλίο!

Με αγάπη *Αντγιε* Τσόμλεϋ

Prolog

Eigentlich wollte ich nie über Katzen schreiben. Eigentlich!

Ich bin der Meinung, dass es bereits viele, und zum Teil wunderbare, Geschichten über diese außergewöhnlichen, geheimnisvollen Tiere gibt. Doch dann kam mir eines Tages eine Idee, die mich nicht mehr losließ. So ergab es sich, dass der Haushalt - wieder einmal - sich selbst überlassen wurde. Mein lieber Ehemann sorgte dafür, dass ich zwischendurch etwas zu essen bekam und meine Kaffeetasse immer gefüllt war. Denn wenn mich die Idee zu einer Geschichte erst einmal gefangen hält, verliert alles andere seine Bedeutung.

Da mein Mann, Antony, immer der Erste ist, der meine Entwürfe zu lesen bekommt, und der mich - gebeten und ungebeten - tatkräftig mit seinen Ideen unterstützt, sage ich hier und jetzt: Tausend Dank, mein Schatz!

Dieses Buch ist all jenen gewidmet, die Katzen lieben und sich gerne in die Welt der Märchen entführen lassen. Insbesondere habe ich es aber für meine griechischen Freunde und Bekannten geschrieben. Die Übersetzung ins Griechische ist für all jene, die der deutschen Sprache nicht mächtig sind oder sie auf diesem Weg gerne lernen möchten.

Es ist ein Dankeschön an all die wunderbaren Menschen, die in diesem großartigen Land leben und die ich bereits kennenlernen durfte, und vielleicht noch kennenlernen werde. Danke, dass ihr euch die Zeit nehmt, meine Geschichten über ***›Die geflügelten Kätzchen von Aigio‹*** zu lesen.

Ich wünsche euch viel Spaß dabei!

Herzlichst *Antje Chomley*

Αποχαιρετισμός στον Όλυμπο

Η Ήρα χάιδευε με αγάπη το τρίχωμα από τα δυο γατάκια, που κάνανε "γκρου γκρου" γεμάτα ευχαρίστηση στην αγκαλιά της. Η καρδιά της θεάς πονούσε και δάκρυζαν τα μάτια της. Μόλις τώρα, ο σύζυγός της, ο Δίας, είχε δώσει μια εντολή. Τα γατάκια πρέπει να φύγουν από τον Όλυμπο. Κι αυτό μόνο και μόνο επειδή τα σκυλιά του δεν πήγαιναν καθόλου καλά με αυτά τα χαριτωμένα ζωάκια. Μα παραήταν χαζά αυτά τα δύο τέρατα. Όλη μέρα τεμπέλιαζαν και κουνιόντουσαν μόνο όταν υπήρχε φαγητό. Έφταιγαν τα ίδια που τα γατάκια παίζανε μαζί τους. Από τότε που η Ήρα είχε πάρει τα δύο γατάκια, αυτά τα σκυλιά δε σταμάταγαν να γαβγίζουν. Εδώ και τρεις μήνες το γάβγισμα δε σταμάταγε και μέρα με τη μέρα έσπαγε τα νεύρα όλων των θεών του Ολύμπου. Παρ' όλα αυτά παρακάλεασν το Δία να μη διώξει τα γατάκια. Όμως δεν είχαν καμία δύναμη απέναντι στην απόφαση του κυρίου. Εκείνος φαίνεται πως είχε πάρει χαμπάρι ότι τα σκυλιά του γελοιοποιήθηκαν στους κατοίκους του θεϊκού βουνού κι αυτό δε μπορούσε σε kαμιά περίπτωση να το δεχτεί.

Abschied vom Olymp

Liebevoll streichelte Hera das samtweiche Fell der beiden Kätzchen, die auf ihrem Schoß lagen und zufrieden schnurrten. Das Herz der Göttin war schwer und Tränen glitzerten in ihren schönen Augen. Soeben hatte ihr Ehemann, Zeus, ein Machtwort gesprochen. Die Katzen mussten den Olymp verlassen! Und das nur, weil seine beiden Hunde sich nicht mit den possierlichen Tierchen vertrugen. Dabei waren Zeus´ riesige Doggen so dumm. Den ganzen Tag lagen sie nur faul herum und bewegten sich nur, wenn es etwas zu fressen gab. Sie waren selbst daran schuld, dass die gewitzten Kätzchen ihren Schabernack mit ihnen trieben. Seitdem Hera die beiden kleinen Samtpfötchen zu sich geholt hatte, kläfften sich die zwei Hunde die Seele aus dem Leib. Das Gebell ertönte nun schon seit drei Monaten tagein, tagaus, und raubte allen Göttern des Olymps den letzten Nerv. Trotzdem hatten sie Zeus gebeten, die Kätzchen nicht zu verstoßen. Doch gegen die Entscheidung des Herrschers waren sie machtlos. Er hatte wohl bemerkt, dass seine Hunde ihn zum Gespött der Bewohner des Götterberges machten und das konnte er auf keinen Fall zulassen.

Η Ήρα αναστέναζε. Τα γατάκια της την κοίταζαν ξαφνιασμένα. Δεν την είχαν δει τόσο λυπημένη. Τι να είχε άραγε;

«Πρέπει να σας πω κάτι», άρχισε η Ήρα. Ανήσυχα τα γατάκια πήδηξαν από την αγκαλιά της θεάς και κάθησαν μπροστά στα πόδια της. Τύλιξαν τις ουρές προσεχτικά μπροστά από τα ποδαράκια της και κοίταζαν την κυρία τους με προσδοκία. Τρυφερά τα κοίταξε και η Ήρα. Άχ! Πόσο θα της έλειπαν! Η κάτασπρη "Νεφέλη", σύννεφο τ' όνομα της, και ο ριγέ ασπρογκρί "Σόφος", πράγματι σοφός, με το μαλακό άσπρο στήθος του.

«Ο Δίας όρισε πως πρέπει να φύγετε από τον Όλυμπο. Λυπάμαι πάρα πολύ, αλλά πρέπει να κάνω ότι λέει. Τις τελευταίες εβδομάδες όλη μου η ευτυχία και η μεγαλύτερη χαρά μου ήσασταν εσείς οι δυο σας.»

«Γι' αυτό σας ευχαριστώ πάρα πολύ. Όμως, παρότι τώρα θα πάρουμε διαφορετικούς δρόμους, ποτέ δε θα σας αφήσω εντελώς! Οι σκέψεις μου θα σας συνοδεύουν και με την καρδιά μου θα είμαι κοντά σας. Διάλεξα μια πολύ ιδιαίτερη θέση πάνω στη γη όπου θα είστε ασφαλή. Αν παρόλα αυτά κάποια φορά βρεθείτε σε ανάγκη ή χρεια-

Hera seufzte. Erstaunt sahen die zwei Katzen zu ihr auf. So traurig hatten sie die Göttin noch nie gesehen. Was sie wohl hatte?

»Ich muss euch etwas sagen«, begann Hera. Beunruhigt sprangen die Kätzchen vom Schoß der Göttin herunter und setzten sich zu ihren Füßen. Ihre Schwänze legten sie ordentlich um die Vorderpfötchen und sahen ihre Herrin erwartungsvoll an. Zärtlich schaute Hera auf die beiden herab. Ach, wie sehr würden sie ihr fehlen! Die schneeweiße Nefeli, deren Name ›Wolke‹ bedeutete und der weiß-grau getigerte ›weise‹ Sophos, mit seinem weichen, weißen Brustfell.

»Zeus hat bestimmt, dass ihr den Olymp verlassen müsst. Es tut mir so leid, aber ich muss mich seinem Willen fügen. Ihr beide wart in den vergangenen Wochen mein ganzes Glück und meine größte Freude. Dafür danke ich euch. Doch auch wenn sich unsere Wege nun trennen, werde ich euch nie ganz verlassen! Meine Gedanken werden euch begleiten und auch mit meinem Herzen werde ich bei euch sein. Ich habe auf der Erde einen ganz besonderen Platz gewählt, an dem ihr sicher seid. Solltet ihr dennoch einmal in Not geraten oder Hilfe brauchen, dann ruft nach mir oder euren Götter-Freunden. Wir werden euch dann zu Hilfe kommen.«

στείτε βοήθεια, φωνάξτε εμένα ή τους φίλους θεούς σας. Θα έρθουμε γρήγορα να σας βοηθήσουμε.» Ένα δίφωνο λυπηρό νιαούρισμα διέκοψε τη θεά. «Μη φοβάστε», ησύχαζε τα δύο γατάκια. «Θα σας δώσω δώρα για το δρόμο, που θα είναι για σας και τους απόγονους σας πολύ ωφέλιμα. Θα έχετε μαγικές δυνάμεις και θα μπορέσετε να καταλάβετε και να μιλάτε τη γλώσσα των ανθρώπων. Και ... θα σας δώσω και φτερά! Θα σας κάνουν κάτι πολύ ξεχωριστό και θα σας βοηθήσουν πολύ! Όποτε χρειάζεται θα βγαίνουν από τους ώμους σας. Τον υπόλοιπο χρόνο θα είναι κρυμένα στα σώματά σας. Όταν τα χρησιμοποιείτε θα είστε αόρατα για όλα σχεδόν τα ανθρώπινα όντα. Μονάχα πολλοί λίγοι επιλεγμένοι μπορούν τότε να σας βλέπουν. Το πέταγμα βέβαια πρέπει να το μάθετε μόνα σας. Είστε έξυπνα και γρήγορα θα το μάθετε. Και κάτι ακόμα πρέπει να ξέρετε: Μια μόνο φορά θα κάνετε μικρά. Κι αυτά επίσης θα έχουν θεϊκά δώρα, όμως μόνο η πρωτογένετη θυγατέρα σας θα μπορέσει να τα κληροδοτήσει στα παιδιά της.

Όταν τα μικρά σας θα γίνουν τριών εβδομάδων να πάτε στο σπήλαιο του Ηρακλή. Εκεί θα περάσετε μια νύχτα, στην οποία θα σας φανερώ-

Ein zweistimmiges, klägliches Maunzen unterbrach die Göttin. »Ihr braucht euch nicht zu fürchten«, beruhigte sie die beiden Kätzchen. »Ihr werdet großartige Abenteuer erleben und treue Freunde finden. Außerdem gebe ich euch Gaben mit auf den Weg, die euch und euren Nachkommen überaus nützlich sein werden: Ihr werdet magische Kräfte haben und die Sprache der Menschen verstehen und sprechen können. Und … Ich werde euch Flügel verleihen! Sie werden euch zu etwas ganz Besonderem machen und euch gute Dienste leisten. Immer wenn ihr sie braucht, werden sie aus euren Schultern herauswachsen. In der restlichen Zeit schlummern sie versteckt in euren Körpern. Wenn ihr sie anwendet, werdet ihr für fast alle menschlichen Wesen unsichtbar sein. Nur ganz wenige Auserwählte können euch dann noch sehen. Das Fliegen müsst ihr euch allerdings selber beibringen. Doch ihr seid klug und werdet es schnell lernen. Und noch etwas müsst ihr wissen: Ihr werdet nur ein einziges Mal Junge haben. Auch sie werden göttliche Gaben haben, doch nur eure erstgeborene Tochter wird diese an ihre Kinder weitergeben können. Wenn eure Kleinen drei Wochen alt sind, begebt euch in die Höhle des

σω τα ονόματα των παιδιών σας. Και τώρα στο καλό αγαπημένα μου ζωάκια. Οι θεοί σας προστατεύουν και σας χαρίζουν μια μεγάλη ζωή.»

Η Νεφέλη κι ο Σόφος την κοίταγαν με λυπηρό βλέμμα. Μια τελευταία φορά λούφαξαν στα πόδια της και έγλυψαν τα χέρια της με τις μικρές ροζ γλωσσίτσες τους. Τα σήκωσε ένα-ένα η Ήρα και τα φίλησε. Στο σημείο που τα φίλησε, φαίνεται ένα "Μ", το "δώρο" που θα έχουν. Ήταν το δώρο της Μέτιδας, μητέρας της Αθηνάς, θεάς της σοφίας και των μαγικών. Μετά έσκυψε η Ήρα στη γη. Με προσοχή έβαλε τα μικρά γατάκια στην πιο όμορφη μεριά της Ελλάδας που μπόρεσε να βρει: Στη μικρή πόλη της βόρειας ακτής της πελοποννήσου, στο Αίγιο!

Herakles. Dort werdet ihr eine Nacht verbringen, in der ich euch die Namen eurer Kinder preisgeben werde. Nun lebt wohl, meine lieben Tierchen. Die Götter werden euch beschützen und schenken euch ein langes Leben.«

Nefeli und Sophos schauten mit traurigem Blick zu der Göttin auf. Ein letztes Mal strichen sie ihr schnurrend um die Beine und leckten ihr mit ihren kleinen rosigen Zungen über die Hände. Dann hob Hera ihre beiden Lieblinge auf und hauchte jedem einen Kuss auf die Stirn. An dieser Stelle würde von nun an bei allen Kätzchen, die die ›Gabe‹ hatten, ein ›M‹ zu sehen sein. Dies war das Geschenk von Metis, der Göttin der Weisheit und des Zaubers und Mutter der Athene. Dann beugte Hera sich auf die Erde hinab. Behutsam setzte sie die Kleinen an dem schönsten Flecken Griechenlands ab, den sie hatte finden können: In der kleinen Stadt Aigio, im Norden der Peloponnes!

Μια καινούργια πατρίδα

Με ορθάνοιχτα τα μάτια η Νεφέλη κι ο Σόφος κοίταξαν γύρω τους. Όλα φαινόντουσαν ξένα. Τίποτα μα τίποτα δεν έμοιαζε έστω και για λίγο στο προηγούμενο συνηθισμένο περιβάλλον τους. Παρόλα αυτά ήταν όμορφο. Πολύ όμορφο μάλιστα! Τα δυο γατάκια ξεκίνησαν περίεργα να εξερευνήσουν την καινούρια τους πατρίδα. Με τις ουρές τους στημένες στον ουρανό και τ' αυτάκια τους όρθια ... απ' την αγωνία έτρεχαν από 'δω κι από κει στα στενά σοκάκια.

«Πόσο μικροσκοπικά είναι τα σπίτια», γέλαγε η Νεφέλη. «Δεν μπορώ να φανταστώ πως κινούνται εκεί μέσα οι άνθρωποι.»

«Κάπως θα τα καταφέρουν», απάντησε ο Σόφος. «Αφού οι άνθρωπο είναι πολύ πιο μικροί απ' ότι οι θεοί στον Όλυμπο. Παρόλα αυτά τα καταλύματα φαίνονται πολύ όμορφα και ζεστά με τις άσπρες μάντρες και τα χρωματιστά πατζούρια». Επί ώρες τριγύρισαν οι δυο τους και εξερεύνησαν τη μικρή πόλη. Ότι έβλεπαν τους άρεσε όλο και περισσότερο.

«Τελικά η Ήρα μας διάλεξε μια πανέμορφη καινούργια πατρίδα», παρατήρησε ο Σόφος στο

Eine neue Heimat

Mit großen Augen schauten Nefeli und Sophos sich um. Alles sah so fremd aus. Nichts glich auch nur im Entferntesten ihrer bisherigen, gewohnten Umgebung. Aber trotzdem war es schön. Sehr schön sogar! Neugierig begannen die beiden Kätzchen ihre neue Heimat zu erkunden. Mit steil aufgerichteten Schwänzen und vor Aufregung zuckenden Öhrchen liefen sie durch die schmalen Gassen von Aigio.

»Die Häuser sind ja winzig«, kicherte Nefeli. »Ich kann mir gar nicht vorstellen, wie die Menschen sich darin bewegen können.«

»Das wird schon gehen, denke ich«, antwortete Sophos. »Schließlich sind die Menschen ja bedeutend kleiner als die Götter auf dem Olymp. Aber trotzdem sehen die Behausungen sehr hübsch und gemütlich aus mit den weiß getünchten Mauern und den bunten Fensterläden.«

Stundenlang strolchten die zwei durch die kleine Stadt.

»Hera hat für uns wirklich eine wunderschöne neue Heimat ausgewählt«, stellte Sophos am Ende

τέλος της ημέρας. «Πιστεύω πως θα περάσουμε πολύ καλά εδώ.»

«Πρέπει να ψάξουμε μια κατάλληλη μεριά για τη νύχτα», είπε η Νεφέλη, και ξεκίνησαν μαζί να ψάχνουν. Σ' ένα μικρό περιβόλι που ανήκε στο δημαρχείο της πόλης ανακάλυψαν μια μεγάλη μουριά. Τα δυο γατάκια ανέβηκαν γρήγορα στο χοντρό κορμό. Όταν έφτασαν επάνω ανακάλυψαν ότι ο κορμός ήταν κούφιος. Αυτή η κρυψώνα θα τους πρόσφερε αρκετή προστασία για τη νύχτα. Πήδηξαν στο εσωτερικό του κορμού και κουλουριασμένα κοντά κοντά αποκοιμήθηκαν αμέσως. Το φεγγάρι έλαμπε στον ουρανό κι αμέτρητα αστέρια γυάλιζαν το ένα περισσότερο απ' τ' άλλο. Όλα έριχναν το απαλό τους φως στα ειρηνικά κοιμισμένα γατάκια και τα σκέπαζαν με την ασημένια τους λάμψη.

Ζωντανεμένα ξανά και χαρούμενα η Νεφέλη κι ο Σόφος ξύπνησαν το άλλο πρωί. Γρήγορα αλλά προσεχτικά καθάριζαν το τρίχωμά τους. Είναι ανάγκη γι' αυτά η καθαριότητα. Όταν τέλειωσαν το πλύσιμό τους, βγήκαν απ' τον κορμό και κοίταξαν προσεχτικά γύρω τους. Χτες απόφευγαν τους ανθρώπους. Δεν τους είχαν και μεγάλη εμπιστοσύνη. Τώρα όμως έπτρεπε να ψάξουν για φαγη-

des Tages fest. »Ich glaube, dass wir uns hier sehr wohl fühlen werden.«

»Wir sollten Ausschau nach einem geeigneten Nachtlager halten«, bemerkte Nefeli, und sie begaben sich auf die Suche nach einem geschützten Platz.

In einem kleinen Garten, der zum Rathaus der Stadt gehörte, entdeckten sie einen großen, urwüchsigen Maulbeerbaum. Flink kletterten die beiden Kätzchen an der borkigen Rinde des Stammes empor. Oben angekommen entdeckten sie erstaunt, dass der Baum von innen hohl war. Dieses Versteck würde ihnen für die Nacht ausreichend Schutz bieten. Behände sprangen sie in das Innere des Stammes. Eng aneinander gekuschelt rollten sie sich zusammen und schliefen sogleich ein. Der Mond stand hell am Himmel und unzählige Sterne funkelten um die Wette. Sie alle warfen ihr mildes Licht auf die friedlich schlummernden Kätzchen und deckten sie mit ihrem silbrigen Glanz zu.

Frisch und munter erwachten Nefeli und Sophos am nächsten Morgen. Rasch, aber gründlich, erledigten sie ihre Fellpflege. Sauberkeit war nun einmal wichtig. Als die Katzenwäsche beendet war, kletterten sie aus dem Baum und schauten sich vorsichtig um. Gestern hatten sie sich von

τό. Δεν αποκλείεται να συναντήσουν και κάναν άνθρωπο.

«Μετά το φαγητό ίσως να δοκιμάσουμε λιγάκι τα φτερά μας. Τι λες;», ρώτησε η Νεφέλη τον αδερφό της.

«Εντάξει», συμφώνησε ο γάτος. «Καλύτερα όμως να μην το επιχειρήσουμε εδώ μέσα στην πόλη. Ας ψάξουμε ένα απόμερο μέρος που να μην έχει πολλούς ανθρώπους.»

«Άχου! Ποίοι είστε εσείς;», ακούστηκε ξαφνικά η φωνή ενός άνδρα. «Μα είστε πολύ όμορφα γατάκια.» Ξαφνιασμένα σταμάτησαν τα δυο γατάκια. Κοίταξαν τον άνδρα με ανασφάλεια. «Πεινάτε;», ρώτησε αυτός φιλικά. «Περιμένετε εδώ. Πάω να σας φέρω κάτι.» Αναποφάσιστα αλληλοκοιταζόντουσαν τα αδέλφια. Μπορούσαν να έχουν εμπιστοσύνη σ' αυτόν τον άνδρα; Αξίζει όμως μια δοκιμή. Είχε και μια πολύ συμπαθητική φωνή. Και η πείνα τους βασάνιζε αρκετά. Σε λίγο γύρισε ο άνδρας. Το έβαλε μπροστά στα δυο γατάκια. Πρώτα με δισταγμό, μετά όλο και πιο λαίμαργα έπιναν το υπέροχο υγρό. Ο άνδρας τα κοίταζε και γέλαγε. «Έχετε μέρες να φάτε, ε;». Μετά ξαφνιάστηκε. «Τι έχετε εδώ στο μέτωπό σας;». Τέτοιο σχέδιο δεν έχω δει ποτέ σε γάτα.

den Menschen fern gehalten. So ganz geheuer waren ihnen die Zweibeiner nicht. Doch jetzt mussten sie sich auf Futtersuche begeben und da konnte es schon sein, dass sie dem einen oder anderen begegneten.

»Wenn wir etwas gegessen haben, sollten wir vielleicht mal unsere Flügel ausprobieren, oder was meinst du?«, fragte Nefeli ihren Bruder.

»Das können wir machen«, stimmte der Kater zu. »Allerdings sollten wir es nicht hier in der Stadt tun. Dazu brauchen wir einen Ort, der etwas abgelegener ist und an dem sich möglichst wenig Menschen aufhalten.«

»Ja wen haben wir denn da?«, ertönte plötzlich die Stimme eines Mannes. »Ihr seid aber zwei hübsche Kätzchen.«

Erschrocken blieben die beiden stehen. Unsicher blickten sie zu dem Zweibeiner empor. »Habt ihr Hunger?«, fragte dieser freundlich. »Wartet hier, dann hole ich euch etwas.« Unschlüssig sahen die Geschwister sich an. Konnten sie diesem Menschen trauen? Es kam auf einen Versuch an. Er hatte eine sehr angenehme Stimme und … ihre Bäuchlein knurrten fürchterlich. Es dauerte nicht lange, da kam der Mann zurück. In seinen Händen hielt er eine große Schale mit Milch. Diese stellte

Φαίνεται σαν ένα "Μ". Είναι πολύ όμορφο. Μήπως σημαίνει "ματάκια μου"; Κρίμα που δεν μπορείτε να μου απαντήσετε τι σημαίνει πραγματικά.» Αναστέναζε με λύπη.

«Ξέρω ποιός μπορεί να σας δώσει απάντηση κύριε δήμαρχε.»

Ένας γέρος στηριζόμενος στο μπαστούνι τους είχε πλησιάσει.

«Καλημέρα Γιώργο», χαιρέτησε ο δήμαρχος.

«Τι κάνεις; Τι κάνει η οικογένειά σου;».

«Ευχαριστώ, καλά, όλοι καλά.»

«Ποιός νομίζεις θα μπορούσε να μου πει κάτι γι' αυτό το παράξενο σχήμα στο μέτωπο των δύο γατιών;», ρώτησε.

«Πάνω απ' την πόλη, στα αμπέλια, ζει μια γριά. Τη λένε Σωτηρία. Αυτή ξέρει περισσότερα από κάθε άλλο για τα γατιά. Ρωτήστε αυτήν.»

«Και σε ποιό απ' τα πολλά μικρά χωριά ζει;».

«Στην Χατζή.»

Η Νεφέλη κρυφογέλαγε. Τα δυο γατάκια είχαν παρακολουθήσει την κουβέντα με μεγάλο ενδαφέρον.

«Πολύ αστείο τ' όνομα του χωριού», ψιθύρισε στον αδερφό της. «Λες και φτερνίζεται κάποιος.»

er vor den beiden Kätzchen ab. Erst zögernd, dann immer gieriger schleckten sie die köstliche Flüssigkeit auf. Der Mann betrachtete die beiden und lachte. »Ihr habt wohl tagelang nichts zu fressen gehabt, was?« Dann stutzte er. »Was habt ihr denn da auf eurer Stirn? Solch ein Muster habe ich noch nie bei einer Katze gesehen. Es sieht aus wie ein ›M‹. Das ist wirklich hübsch. Heißt das vielleicht ›Miezekatze‹? Schade, dass ihr mir nicht verraten könnt, was es wirklich bedeutet«, seufzte er bedauernd.

»Ich wüsste vielleicht, wer Ihnen Ihre Frage beantworten kann, Herr Bürgermeister.« Ein alter Mann, der sich schwer auf seinen Gehstock stützte, hatte sich den dreien genähert.

»Guten Tag, Jorgos«, begrüßte der Bürgermeister ihn. »Wie geht es dir und was macht deine Familie?«

»Danke, gut. Alle sind wohl auf.«

»Wer meinst du, könnte mir etwas über die seltsame Zeichnung auf der Stirn der beiden Katzen sagen?«, fragte er.

»Oberhalb der Stadt, in den Weinbergen, lebt eine alte Frau. Ihr Name ist Sotiria. Die weiß mehr über Katzen als jeder andere den ich kenne. Die würde ich mal fragen.«

«Ευχαριστώ πολύ για τη συμβουλή σου.» Ο δήμαρχος χάρηκε κι αποχαιρέτησε το Γιώργο. Μετά μίλησε στα γατάκια. «Τι λέτε; Να πάμε μια εκδρομούλα;».

Τ' αδέρφια αλληλοκοιταζόντουσαν. «Γιατί όχι;», αποφάσισε ο Σόφος. «Ίσως στη Χατζή δε ζούνε τόσοι άνθρωποι όπως εδώ και μπορούμε να δοκιμάσουμε και τα φτερά μας.»

Ευχαριστημένα τριβόντουσαν στα πόδια του δήμαρχου και του έδειχναν έτσι πως συμφωνούσαν. Ο δήμαρχος, πήρε ένα κουτί, έβαλε μέσα μια παλιά μικρή κουβέρτα και τα γατάκια πήδηξαν μέσα. Πήγε το ελαφρύ φορτίο στ' αυτοκίνητό του και ξεκίνησε.

Μετά από δεκαπέντε λεπτά έφτασαν στο μικρό, σα ζωγραφιά χωριό, στα αμπέλια. Το σπίτι της Σωτηρίας το βρήκαν γρήγορα. Η γριά καθόταν στο μπαλκόνι απ' τον πρώτο όροφο. Φιλικά καλωσόρισε τον επισέκπτη. Αυτός έβγαλε με προσοχή το κουτί και η Νεφέλη κι ο Σόφος βγήκαν έξω. Πήγαν κατευθείαν στη γριά. Κάτσανε μπροστά στα πόδια της και την κοίταζαν περίεργα. Παρόλο που φαινόταν γερασμένη και αδύναμη με τα άσπρα της μαλλιά και τις μπόλικες ρυτίδες στο πρόσωπό της, έβγαζε μια πολύ ξεχω-

»In welchem der zahlreichen kleinen Orte lebt sie denn?«

»In Hatzi!«

Nefeli kicherte. Die beiden Kätzchen hatten der Unterhaltung gespannt gelauscht. »Der Ort klingt lustig«, wisperte sie ihrem Bruder zu. »So, als ob jemand niest.«

»Ich danke dir für diesen Hinweis«, freute sich der Bürgermeister und verabschiedete sich von Jorgos. Dann wandte er sich an die Katzen: »Na, was meint ihr, wollen wir einen kleinen Ausflug machen?«

Die Geschwister blickten sich an. »Warum nicht?«, entschied Sophos. »Vielleicht leben in Hatzi nicht so viele Menschen wie hier und wir können später unsere Flügel ausprobieren.« Schnurrend begannen sie dem Bürgermeister um die Beine zu streichen und taten ihm so ihre Zustimmung kund.

Nachdem der Mann einen Pappkarton geholt hatte, in den er eine alte, aber saubere Decke legte, sprangen die Kätzchen hinein. Der Bürgermeister trug seine leichte Last zu seinem Auto und los ging die Fahrt.

Bereits fünfzehn Minuten später erreichten sie den kleinen, malerischen Ort in den Weinbergen. Das Haus von Sotiria war schnell gefunden. Die

ριστή αύρα. Μόνο τα γατάκια κατάλαβαν αυτή την αύρα.

«Καλημέρα κυρά Σωτηρία», τη χαιρέτησε ο άνδρας. «Είμαι ο δήμαρχος του Αιγίου», συστήθηκε. Αυτά τα δυο τα βρήκα το πρωί στον κήπο του δημαρχείου. Μου είπαν πως πιθανόν μπορείτε εσείς να μου πείτε κάτι για το παράξενο σχήμα στο μέτωπό τους.»

Η Σωτηρία κοίταξε πρώτα τον επισκέπτη και μετά τα γατάκια. Τα μάτια της έβγαλαν μιαν έκφραση μεγάλης απορίας. Στα δύο γατάκια έλαμπε ολοφάνερα πάνω στο μέτωπό τους το “Μ” σε όμορφο γκρί χρώμα. Δε θα περίμενε ποτέ πως θα έβλεπε αυτό το σχήμα. Πριν από πολλά χρόνια είχε ένα παράξενο όνειρο που της παρουσιάστηκαν αυτά τα δυο γατάκια με το “Μ” στο μέτωπο. Κι ήξερε επίσης για τη σημασία του σχήματος. Μόνο ποτέ μα ποτέ δε θα το μαρτυρούσε. Ούτε καν στο δήμαρχο που ήταν μπροστά της! Ήξερε τι συνέβη και κοίταζε τα δυο γατάκια κατάματα. «Ξέρω ποιά είστε και θα σας προστατέψω», υποσχέθηκε βουβά.

Μετά απευθύνθηκε πάλι στον επισκέπτη της. «Χαίρομαι που κάνατε τον κόπο να ρθείτε σε μένα, όμως δυστυχώς δεν μπορώ να σας βοηθή-

alte Frau saß auf ihrer Veranda im ersten Stock ihres Hauses und blickte dem Besucher freundlich entgegen. Der stellte den Karton behutsam auf den Boden und Nefeli und Sophos sprangen heraus. Schnurstracks stolzierten sie auf die Frau zu. Sie setzten sich vor sie hin und blickten neugierig zu ihr empor. Obwohl sie mit ihrem weißen Haar und den unzähligen Falten im Gesicht alt und gebrechlich wirkte, umgab sie eine ganz besondere Ausstrahlung. Diese geheimnisvolle Aura schienen jedoch nur die beiden Kätzchen wahrzunehmen.

»Guten Tag, Frau Sotiria«, begrüßte der Mann sie. »Ich bin der Bürgermeister von Aigio«, stellte er sich vor. »Diese beiden habe ich heute früh im Garten des Rathauses gefunden. Man sagte mir, dass Sie mir vielleicht etwas über die ungewöhnliche Zeichnung auf deren Stirn sagen können.«

Sotiria schaute erst ihren Besucher und dann die Katzen an. Ein ungläubiger Ausdruck trat in ihre Augen. Deutlich zu erkennen prangte bei beiden, in einem schönen Mittelgrau direkt über den Augen, das ›M‹. Niemals hätte sie gedacht, dass sie *das Zeichen* jemals erblicken würde. Vor vielen Jahren hatte sie einen seltsamen Traum gehabt, in

σω. Δεν ξέρω τίποτα γι' αυτό το σχήμα. Αλλά θα χαιρόμουν πολύ να κρατήσω αυτά τα δυο γατάκια εδώ στη Χατζή. Εδώ μπορούν να ανακαλύψουν πολλά πράγματα και δεν έχει και τόσους κινδύνους, όπως στο Αίγιο με τα πολλά αυτοκίνητα.»

Ο δήμαρχος, παρόλο που απογοητεύτηκε, δεν το έδειξε. Συμφώνησε να αφήσει τα δυο γατάκια εδώ κι αποχαιρέτησε. Κατεβαίνοντας τη σκάλα γύρισε άλλη μια φορά. «Δεν έχω βέβαια πολύ χρόνο, αλλά αν μου το επιτρέπει η δουλειά μου, θα ήθελα που και που να επισκέπτομαι αυτά τα δυο γατάκια. Αλλά μόνο αν συμφωνείτε.» Η γριά τον κοίταξε με απορία. Κούνησε το κεφάλι της συμφωνώντας η Σωτηρία και χαιρέτησε. Ήξερε πως ο δήμαρχος ήταν καλός άνθρωπος και με καλή καρδιά αλλά γι' αυτή την αλήθεια δεν ήταν ακόμα έτοιμος. Ακόμα!

«Τελικά βγήκε αλήθεια το όνειρό μου!». Μ' ένα στόμα δίχως δόντια η Σωτηρία χαμογέλαγε στα γατάκια. «Είστε η Νεφέλη κι ο Σόφος. Έτσι δεν είναι; Ξέρω πως με καταλαβαίνετε και πως ξέρετε να μιλάτε. Το δοκιμάσατε κι όλας;», ρώτησε.

«Όχι, είσαι ο πρώτος άνθρωπος με τον οποίο μιλάμε», απάντησε ο γάτος.

dem ihr genau diese beiden Katzen mit dem ›M‹ auf der Stirn erschienen waren. Und sie wusste auch von der Bedeutung des Mals. Doch dieses Geheimnis würde sie niemals preisgeben. Auch wenn es der Bürgermeister war, der hier vor ihr stand!

Wissend schaute sie den beiden Kätzchen in die Augen. »Ich weiß, wer ihr seid und ich werde euch beschützen!«, versprach sie stumm. Dann wandte sie sich wieder ihrem Besucher zu. »Es freut mich, dass Sie sich extra den Weg zu mir gemacht haben, aber leider kann ich Ihnen nicht helfen. Ich weiß nichts über die Zeichnung in dem Fell, aber ich würde die beiden gerne hier bei mir in Hatzi behalten. Hier gibt es für sie viel zu entdecken und es ist nicht so gefährlich wie in Aigio.«

Obwohl er enttäuscht war, ließ sich der Bürgermeister nichts anmerken. Freundlich stimmt er dem Vorschlag zu, die beiden Tierchen hierzulassen und verabschiedete sich. Auf der Treppe drehte er sich noch einmal um. »Ich habe zwar nicht viel Zeit, aber wenn es meine Amtsgeschäfte zulassen, würde ich die beiden gerne ab und zu besuchen. Aber nur wenn es Ihnen recht ist.« Fragend schaute er die alte Frau an.

Η γριά κούναγε το κεφάλι της. «Από πότε είστε εδώ;».

«Χτες φτάσαμε», νιαούριζε η Νεφέλη.

«Ελπίζω πως θα περάσουμε πολύ καιρό μαζί και πως έχουμε πολλά να πούμε. Μπορείτε να μείνετε εκεί πέρα στο παλιό σπίτι.» Ήταν ένα μικροσκοπικό ερειπωμένο πέτρινο σπιτάκι. «Ανήκει στην εκκλησία. Δυχτυχώς είναι λίγο πεσμένο, αλλά έχει αρκετό χώρο και γωνίες», συνέχισε. «Απέναντι από το κατάλυμά σας μένουν πολλοί και καλοί άνθρωποι. Φαίνεται ξεκάθαρα το σπίτιτ τους. Είναι βαμένο ροζ. Ο Θανάσης κι η γυναίκα του τα αγαπάνε πολύ τα γατιά. Ταϊζουνε τα γατιά του χωριού κι όσους περνάνε από το σπίτι τους. Σε αυτούς πάντα θα βρείτε ένα γεμάτο μπολ φαγητό και χάδια, όταν έχετε ανάγκη. Α! Ναι! Κι εκεί πέρα μπορείτε να δοκιμάσετε και τα φτερά σας.»

Η Σωτηρία έδειχνε το δρόμο προς τα κάτω που έβγαινε από το χωριό. «Κανείς δε θα σας ενοχλήσει στις προσπάθειές σας. Πηγαίνετε τώρα, νυστάζω, αλλά, σας παρακαλώ, ελάτε ξανά αύριο. Θέλω να συζητήσουμε κάτι σοβαρό.»

Η Νεφέλη κι ο Σόφος αποχαιρέτησαν και πήδηξαν προς τη μεριά που της είχε δείξει η Σωτηρία.

Sotiria nickte und hob zum Abschied grüßend die Hand. Sie wusste, er war ein guter, redlicher Mann, der sein Herz auf dem rechten Fleck trug, und wer weiß, vielleicht wurde ihm ja eines Tages die große Ehre zuteil, das Geheimnis zu erfahren; doch noch war es nicht soweit.

»So hat sich mein Traum doch noch erfüllt!« Aus einem fast zahnlosen Mund lächelte Sotiria die beiden Kätzchen an. »Eure Namen sind Nefeli und Sophos, nicht wahr? Ich weiß, dass ihr mich versteht und auch sprechen könnt. Habt ihr es schon versucht?«, fragte sie.

»Nein, du bist der erste Mensch mit dem wir reden«, antwortete der Kater.

Die alte Frau nickte. »Seit wann seid ihr hier?«

»Wir sind gestern angekommen«, maunzte Nefeli.

»Wir werden hoffentlich viel Zeit miteinander verbringen und uns eine Menge zu erzählen haben. Da vorne, in dem alten Haus, könnt ihr wohnen.« Sie deutete auf ein winziges, baufällig wirkendes Steinhäuschen. »Es gehört der Kirche. Leider ist es schon etwas zerfallen, aber es gibt darin genügend Platz und geschützte Ecken«, fuhr sie fort. »Auf der anderen Seite eurer Unterkunft wohnen ganz liebe Menschen. Ihr könnt deren Haus nicht verfehlen. Es hat einen rosafarbenen

Πρώτα-πρώτα εξερεύνησαν το παλιό σπίτι. Αυτή θα ήταν η καινούρια τους κατοικία. «Όταν θα το καθαρίσουμε λίγο, θα είναι πολύ ωραία εδώ μέσα», γκρουγκρούρισε η Νεφέλη. «Αλλά τώρα θέλω επιτέλους να δω πως είναι όταν πετάς. Έχω μεγάλη αγωνία.»

Χαρούμενα τρέξανε και βγήκανε στο δρόμο. Μετά από λίγα πηδηματάκια φτάσανε στην άκρη του χωριού. Μπροστά τους απλωνόταν μια όμορφη κοιλάδα, την οποία διέσχιζε ένα ποτάμι που είχε ελάχιστο νερό. Τα αδέρφια κάθισαν για λίγο. Η θέα ήταν υπέροχη. Έβλεπαν τον κορινθιακό κόλπο σε ένα λαμπερό μπλε χρώμα. Μετά από λίγο όμως πρόσεξαν τα πουλιά. «Κοίτα πως κουνάνε τα φτερά τους! Πως αιωρούνται στον αέρα! Ακριβώς έτσι θα το κάνουμε κι εμείς!», αποφάσισε ο Σόφος. Πήρανε φόρα και τρέξανε προς τον γκρεμό. Εκεί κατάλαβαν ένα γαργάλημα στους ώμους τους. Τότε πήδηξαν. Μόλις τα ποδαράκια τους άφησαν το ασφαλές έδαφος, από τα κορμιά τους βγήκαν πανέμορφα φτερά, που μοιάζανε με μικρές άρπες και γυάλιζαν σαν ασήμι στο φως του ήλιου. Στην αρχή ένιωσαν λίγη ανασφάλεια και έκαναν τούμπες στον αέρα, όμως με κάθε φτερούγισμα γίνονταν όλο και πιο σίγου-

Anstrich! Thanasis und seine Frau haben ein großes Herz für Katzen. Sie füttern die Dorfkatzen und alle anderen, die den Weg zu ihnen finden. Ihr werdet bei ihnen immer eine gut gefüllte Schüssel mit Essen vorfinden und Streicheleinheiten, wenn euch danach ist. Ach ja, und dort drüben könnt ihr eure Flügel ausprobieren.« Sotiria zeigte den Weg hinunter, der aus dem Dorf heraus führte. »Es wird euch niemand bei euren Flugversuchen stören. Nun geht, ich bin müde, aber ich bitte euch, morgen wieder zu kommen. Ich möchte etwas sehr Wichtiges mit euch besprechen.«

Nefeli und Sophos verabschiedeten sich und sprangen in die Richtung, die Sotiria ihnen gezeigt hatte. Zuerst erkundeten sie das alte Haus. Dies würde von nun an ihr Zuhause sein. »Wenn wir ein wenig sauber gemacht haben, wird es hier drinnen bestimmt recht gemütlich«, schnurrte Nefeli zufrieden. »Aber jetzt möchte ich endlich wissen, wie es sich anfühlt zu fliegen!«

Vergnügt eilten sie den Weg entlang. Bereits nach wenigen Sprüngen erreichten die beiden den Rand des Dorfes. Vor ihnen breitete sich ein hübsches Tal aus, das von einem breiten, ausgetrockneten Flussbett durchzogen wurde. Die Geschwis-

ρα και μετά από λίγο αιωρούνταν χωρίς κόπο, όπως τα πουλιά.

«Τι ωραία που είναι να κοιτάς τον κόσμο από ψηλά! Υπέροχο!», χάρηκε η Νεφέλη ευτυχισμένη. «Ευχαριστώ, αγαπητή Ήρα, για αυτό το θαυμάσιο δώρο!».

Θαρραλαία ανέβηκαν ψηλά στον ουρανό. Δυσκολεύτηκαν όμως όταν ανέβηκαν αρκετά ψηλά, βάλανε τα φτερά κοντά στα σώματά τους και σα σφαίρα κατέβηκαν προς τα κάτω. Λίγο πριν φτάσουν στο χώμα άπλωσαν ξανά τα φτερά τους και φρέναραν την πτώση. Αυτό το παιχνίδι το έκαναν ξανά και ξανά τα γατάκια, αμέτρητες φορές, και νιαούριζαν από τη χαρά τους.

Μετά πέταξαν πάνω από τους λόφους στην άλλη μεριά του ποταμιού. Κάνανε κύκλους γύρω από το χωριουδάκι Λάκκα. Πέταξαν πάνω από ελιές κι άλλα πολλά καρποφόρα δέντρα έχοντας συνέχεια πάρα πολύ ωραία θέα τη θάλασσα και στη στεριά απέναντι.

Όταν νύχτωσε σταμάτησαν τα ιπτάμενα παιχνίδια τους. Μόλις τα ποδαράκια τους ακούμπησαν στο χώμα, τα φτερά, εξαφανίστηκαν σαν να μην τα είχαν ποτέ. Τα έκοψε η πείνα και για αυτό περάσανε από το Θανάση. Χόρτασαν ευχαριστ

ter setzten sich erst einmal hin. Die Aussicht war herrlich! Sie konnten bis zum Golf von Korinth schauen und sahen das leuchtend blaue Wasser.

Nach einer Weile jedoch richteten sie ihre Aufmerksamkeit auf die Vögel, die elegant über dem Tal ihre Kreise und Schleifen flogen.

»Schau, wie sie ihre Schwingen bewegen und durch die Luft gleiten. Genauso werden wir es auch machen!«, entschied Sophos. Sie nahmen Anlauf und rannten auf den steil abfallenden Abgrund zu. Dabei verspürten sie ein leichtes Prickeln in ihren Schultern. Dann sprangen sie.

Kaum dass ihre Pfötchen den sicheren Boden verlassen hatten, schossen wunderschöne Flügel aus ihren Körpern. Die ungewöhnlich geformten Schwingen, die Ähnlichkeit mit kleinen Harfen hatten, glitzerten silbern im Sonnenlicht. Zuerst waren die beiden Katzen noch etwas unsicher. Unbeholfen purzelten sie durch die Luft. Doch bei jedem Flügelschlag wurden sie sicherer, und bald schon glitten sie mühelos dahin.

»Es ist wundervoll, die Welt von oben zu betrachten! Einfach großartig!«, jubelte Nefeli glücklich. »Danke, liebe Hera, für dieses wunderbare Geschenk!«

Übermütig stiegen sie hoch in den Himmel hin-

μένα από το γεμάτο μπολ. Δεν είδαν όμως ούτε τον ίδιο ούτε τη γυναίκα του.

Θα του πούνε αύριο ένα ευχαριστώ για το ωραίο δείπνο. Κουρασμένα πήγαν στο παλιό σπίτι τους, κουλουριάστηκαν στη γωνία και την ίδια στιγμή αποκοιμήθηκαν.

Όταν το πρωί ξύπνησαν και βγήκαν από το σπιτάκι τους παραξενεύτηκαν πολύ γιατί στο δρόμο, μπροστά από την πόρτα τους, καθόντουσαν άπειρες γάτες. Ακόμα και στα γύρω περιβόλια είχαν μαζευτεί μεγάλα και μικρά, ψηλά και κοντά, χρωματιστά, τιγρέ και μονόχρωμα γατιά. Όλα καθόντουσαν στα πισινά τους πόδια τα κοίταζαν με πολύ σεβασμό. Με ένα φιλικό νιάουου! Η Νεφέλη κι ο Σόφος χαιρέτησαν το γένος τους. Την ίδια στιγμή όλα τα γατιά μαζί σκύβαν τα κεφάλια τους.

«Αξιότιμοι καλεσμένοι, επιτρέψτε μου παρακαλώ να σας μιλήσω.» Ένας κατάμαυρος δυνατός γάτος σηκώθηκε. «Το όνομά μου είναι Μαύρος. Σας καλωσορίζουμε και θέλουμε να σας πούμε πως είναι μεγάλη τιμή που διαλέξατε το Χατζή για την καινούρια σας πατρίδα.»

«Ξέρετε ποίοι είμαστε;», ρώτησε η Νεφέλη ξαφνιασμένη.

auf. Das war zwar ziemlich anstrengend, doch als sie hoch genug waren, legten sie ihre Flügel dicht an ihre Körper und sausten mit unglaublicher Geschwindigkeit wieder herab. Kurz bevor sie den Boden erreichten, breiteten sie ihre Schwingen wieder aus und bremsten somit den Fall. Das Spiel wiederholten die Kätzchen unzählige Male und maunzten vor Vergnügen.

Anschließend flogen sie über die Hügel auf der anderen Seite des Flusses. Sie umkreisten das kleine Örtchen Lakka, überflogen zahlreiche Obst- und Olivenbäume und hatten immer wieder eine wunderbare Sicht auf das glitzernde Wasser und das gegenüberliegende Festland.

Als die Dunkelheit sich über das Land senkte, beendeten die beiden ihre luftigen Spiele. Kaum dass ihre Pfoten den Boden berührten, verschwanden die Flügel, so, als ob es sie nie gegeben hätte. Ihre Mägen knurrten, und so schauten Nefeli und Sophos bei Thanasis vorbei. Zufrieden stillten ihren Hunger an der reichlich gefüllten Schüssel. Ihn selbst oder seine Frau sahen sie nicht. Also würden sie sich morgen bei ihnen für das leckere Mahl bedanken. Es war ein aufregender Tag gewesen. Müde gingen sie in das alte Haus, rollten sich zusammen und schliefen auf der Stelle ein.

«Ναι το ξέρουμε», απάντησε ο Μαύρος. «Είστε τα γατιά της θεάς Ήρας.»

«Σας ευχαριστούμε που μας δεχτήκατε τόσο φιλικά», γουργούρισε ο Σόφος. «Όμως σας παρακαλώ μη νιώθετε κατώτερα. Είμαστε και εμείς γατιά, όπως και εσείς. Θα ήταν ωραίο να γίνουμε φίλοι.»

«Είστε πολύ γενναιόδωροι», ευχαρίστησε ο Μαύρος. «Θέλουμε να είμαστε καλοί φίλοι με σας και μπορείτε να στηριχτείτε πάνω μας οποιαδήποτε στιγμή. Αν χρειαστείτε ποτέ βοήθεια φωνάξτε μας. Ο καθένας μας θα σας βοηθήσει με χαρά», βεβαίωσε ο Μαύρος.

«Ευχαριστούμε πολύ. Αν χρειαστεί θα θυμηθούμε τα αγαπημένα σας λόγια», μιούρισε η Νεφέλη. Σκύψανε ξανά τα κεφάλια τους όλα τα γατιά και γρουγρούριζαν. Μετά αποχώρησαν τα γατιά του χωριού. Φύγανε σιγά σιγά προς όλες τις κατευθύνσεις.

«Σας χάζευα χτες», απολογήθηκε η Σωτηρία λίγο αργότερα, όταν τα δυο γατάκια ήρθαν κοντά της. «Πολύ γρήγορα μάθατε να χρησιμοποιείτε τα φτερά σας», δίστασε λίγο και συνέχισε: «Καλή στιγμή επέλεξε η Ήρα να σας στείλει. Χρειαζόμαστε τη βοήθειά σας. Δεν ξέρουμε τι έγινε και

Als die beiden Kätzchen am nächsten Morgen erwachten und vor das Haus traten, staunten sie nicht schlecht: Auf der Straße vor ihrer Tür saßen unzählige Katzen! Sogar in den umliegenden Gärten hatten sich Alte und Junge, Große und Kleine, Bunte, Getigerte und Einfarbige versammelt. Alle hockten auf ihren Hinterteilen und blickten ihnen voller Ehrfurcht entgegen.

Mit einem freundlichen ›Miau‹ begrüßten Nefeli und Sophos ihre Artgenossen. Wie auf ein geheimes Zeichen hin, senkten die Dorfkatzen augenblicklich ihre Köpfe.

»Ehrwürdige Gäste, bitte erlaubt mir, das Wort an euch zu richten.« Ein pechschwarzer, kräftiger Kater trat hervor. »Mein Name ist Mawros. Wir heißen euch Willkommen und möchten euch sagen, dass es uns eine große Ehre ist, dass ihr unser beschauliches Hatzi als neue Heimat gewählt habt.«

»Ihr wisst wer wir sind?«, fragte Nefeli verwundert.

»Ja, das wissen wir«, antwortete Mawros. »Ihr seid die Katzen der Göttin Hera!«

»Wir danken euch für eure freundliche Begrüßung«, schnurrte Sophos. »Doch bitte, seid nicht so … unterwürfig. Wir sind Katzen genau wie

τι μπορούμε να κάνουμε. Είδατε πόσο ξερός είναι ετούτος ο τόπος εδώ; Όλες οι πηγές και τα ποτάμια ξεράθηκαν, ακόμα και το δικό μας ποτάμι, ο Μεγανίτης. Τελευταία φορά που έβρεξε ήταν Γενάρης και τώρα είναι Οκτώβρης. Η συγκομιδή ήταν τόσο μικρή που πολύς κόσμος δεν έχει να φάει. Σας παρακαλώ: Βρείτε την αιτία.» Τα δυο αδέρφια αλληλοκοιτάχτηκαν με απορία και στεναχώρια. Τώρα που το έλεγε η Σωτηρία θυμήθηκαν πως χτες παραξενεύτηκαν για το πόσο λίγο πράσινο υπήρχε εδώ. Όλα ήταν ξερά και άχυρα. Ούτε ένα λουλουδάκι δεν άνθισε κι όλο το τοπίο φαινόταν λυπημένο κι απαρηγόρητο.

«Φυσικά και θα σας βοηθήσουμε να βρούμε την αιτία για αυτή την ξηρασία», συμφώνησε ο Σόφος. Γρήγορα αποχαιρέτησαν τη Σοφία και έτρεξαν προς το ποτάμι.

«Από που να ξεκινήσουμε να ψάξουμε;», ρώτησε η Νεφέλη.

«Πολύ απλό, θα ρωτήσουμε το θεό του ποταμιού.»

«Για να το κάνουμε αυτό θα πρέπει να βρούμε γλυκό νερό», πρόσθεσε η γάτα.

ihr, und es wäre schön, wenn wir Freunde werden.«

»Das ist sehr großzügig von euch«, bedankte sich der schwarze Kater. »Wir wollen euch gute Freunde sein, auf die ihr euch jederzeit verlassen könnt. Wenn ihr einmal Hilfe braucht, ruft uns. Ein jeder von uns freut sich, euch behilflich zu sein«, versicherte Mawros.

»Habt Dank. Wir werden uns zu gegebener Zeit an eure liebenswürdigen Worte erinnern«, maunzte Nefeli.

Wieder neigten alle Katzen ihre Köpfe und ein einstimmiges Schnurren setzte ein. Dann zogen sich die Dorfkatzen zurück. Auf leisen Pfoten stapften sie in alle Himmelsrichtungen davon.

»Ich habe euch gestern beobachtet«, gestand Sotiria wenig später, als die beiden Kätzchen bei ihr auftauchten. »Ihr habt schnell gelernt, eure Flügel zu gebrauchen.« Nach kurzem Zögern fuhr sie fort: »Hera hat einen guten Zeitpunkt gewählt, euch zu uns zu schicken. Wir brauchen eure Hilfe. Wir wissen nicht, was geschehen ist und was wir tun können. Habt ihr gesehen, wie vertrocknet hier alles ist? Alle Quellen sind versiegt und die Flüsse ausgetrocknet. Auch unser Fluss, der Meganites. Im Januar hat es das letzte Mal geregnet, jetzt haben wir Oktober! Die Ernte war so karg, dass

«Σωστά! Κι αυτό θα το ψάξουμε τώρα. Θα πετάξουμε κατά μήκος του ποταμιού και θα έχουμε τα μάτια μας δεκατέσσερα.»

Κι έτσι κι έγινε. Για κάμποση ώρα πετούσαν κατά μήκος του ποταμιού. Σιγά σιγά όμως τα φτερουγίσματά τους έγιναν πιο σιγανά και τα γατάκια ένιωθαν πεινασμένα και κουρασμένα, όμως σε καμμιά περίπτωση δε θα τα παράταγαν. Επιτέλους ο Σόφος ανακάλυψε ένα πολύ μικρό ρυάκι. Γρήγορα κατευθύνθηκε προς τα εκεί και η Νεφέλη. Κάθησαν δίπλα στη μεριά που έσταζε το νερό και φώναζαν: «*Αχελώε, Αχελώε,* χρειαζόμαστε τη βοήθειά σου!». Τρεις φορές επανέλαβαν αυτά τα λόγια. Ξαφνικά μέσα από το νερό ακούστηκα μια φωνή.

«Τι θέλετε από εμένα;». Ανακουφίστηκαν τα αδέλφια και αναστέναξαν. Ο πιο μεγάλος κι ευγενικός από τους θεούς των ποταμιών άκουσε την παράκλισή τους.

«Ευγενή Αχελώε, πες μας παρακαλώ την αιτία που ξεραίνεται η γη και οι κάτοικοι υποφέρουν από την πείνα», παρακάλεσε ο Σόφος.

«Η διαμάχη ανάμεσα στους *Ναγιάδες* είναι ο λόγος», απάντησε λυπημένα ο θεός των ποταμιών. «Δεν έχετε ιδέα πόσο ζηλεύουν. Αυτές οι χαζές οι

viele Leute kaum etwas zu essen haben. Ich bitte euch: Findet die Ursache heraus!«

Betroffen sahen die Geschwister sich an. Jetzt, wo Sotiria es sagte, fiel ihnen wieder ein, dass sie sich gestern gewundert hatten, wie wenig Grün es hier gab. Alles sah karg und trostlos aus. Keine einzige Blume blühte und die Landschaft wirkte traurig.

»Natürlich werden wir euch helfen, den Grund für diese Trockenheit heraus zu finden«, versprach die Katze.

»Wir machen uns gleich auf den Weg«, stimmte Sophos zu. Eilig verabschiedeten sich die beiden und eilten zum Fluss hinunter.

»Wo sollen wir mit der Suche beginnen?«, fragte Nefeli.

»Ganz einfach. Wir werden den Flussgott befragen!«

»Dazu müssen wir aber Süßwasser finden«, wandte die Katze ein.

»Stimmt! Und danach suchen wir jetzt. Wir fliegen das Flussbett hinauf und halten die Augen offen.«

Und so geschah es. Eine ganze Weile flogen die beiden den Fluss entlang. Allmählich wurden ihre Flügelschläge langsamer. Sie waren hungrig und erschöpft, doch um nichts in der Welt hätten sie

νύμφες του γλυκού του νερού τσακώνονται εδώ και καιρό ποια από αυτές είναι η πιο όμορφη!».

«Για αυτές τις χαζομάρες υποφέρουν τόσο πολύ οι άνθρωποι και η φύση;», ρώτησε αγανακτισμένη η Νεφέλη. «Μα δεν το ξέρουν ότι θα πεθάνουν αν τα ρυάκια και τα ποτάμια ξεραθούν και το νερό χάσει τη θεραπευτική δυναμική του;», οργίστηκε η γάτα. «Και δε μπορεί να κάνει κανείς κάτι;».

«Δυστυχώς όχι. Ούτε το Σίλενο, το θεό των πηγών, δεν τον άκουγαν. Και οι υάδες, οι Νύμφες της βροχής, έχουν δεμένα χέρια. Μέχρι τώρα κανένας δεν μπορούσε να βάλει μυαλό στους αντίπαλους.»

«Που θα βρούμε τις Ναϊάδες;», ρώτησε ο Σόφος.

«Βλέπετε εδώ τα ψηλά βουνά; Είναι ο Ερύμανθος. Έχει τέσσερις κορυφές. Ανάμεσα βρίσκεται μια κρυμένη κοιλάδα. Δεν είναι εύκολο να τη βρει κανείς, αλλά αυτό είναι το αγαπημένο μέρος των Νυμφών.»

«Ευχαριστώ για τη βοήθειά σου Αχελώε. Ξεκινάμε να πάμε προς τα εκεί», χαιρέτησαν τα γατάκια.

«Καλή τύχη φίλοι μου», τους ευχήθηκε ο θεός των ποταμιών.

«Αν και εσείς δεν καταφέρετε να βάλετε μυαλό σε αυτές τις κότες, δεν μπορώ να βρω άλλη λύση», μουρμούρισε.

aufgegeben. Endlich entdeckte Sophos ein schwaches Rinnsal. Eilig hielt er darauf zu, dicht gefolgt von seiner Schwester. Sie setzten sich um das tröpfelnde Wässerchen und riefen:
»Acheloos! Acheloos! Wir brauchen deine Hilfe!«
Drei Mal wiederholten sie die Worte.

Plötzlich ertönte eine Stimme aus dem Wasser:
»Was möchtet ihr von mir?«

Erleichtert seufzten die Geschwister auf. Der älteste und vornehmste aller Flussgötter hatte ihr Rufen gehört.

»Edler Acheloos, bitte nenne uns den Grund, weshalb das Land vertrocknet und die Bewohner Hunger leiden müssen«, bat Sophos.

»Der Grund dafür ist ein Streit zwischen den Najaden«, antwortete der Flussgott betrübt. »Ihr wisst vielleicht, wie eifersüchtig sie sein können. Diese dummen Süßwassernymphen zanken sich seit geraumer Zeit darum, wer von ihnen die Schönste ist!«

»Wegen diesem albernen Getue leiden die Menschen und die Natur Not?«, empörte sich Nefeli. »Wissen sie denn nicht, dass sie sterben müssen, wenn ihre Bäche und Flüsse austrocknen und das Wasser seine heilende Wirkung verliert?« Die Katze wurde richtig wütend. »Kann denn keiner etwas dagegen tun?«

Όσο πιο γρήγορα μπορούσαν, πέταξαν η Νεφέλη κι ο Σόφος μακριά. Ο δρόμος ήταν μακρύς, η οργή τους όμως για την απαράδεκτη συμπεριφορά των Ναϊάδων τους χάρισε απίστευτες δυνάμεις.

Επιτέλους φτάσανε. Όπως τους είχε πει ο Αχελώος, οι Νύμφες βρίσκονταν στη γραφική κοιλάδα. Από πολύ μακριά ακούγονταν τα τσιρίγματά τους. Χωρίς να τους αντιληφθούν οι Ναϊάδες, η Νεφέλη κι ο Σόφος προσγειώθηκαν ακριβώς πίσω τους.

«*Εγώ* είμαι η πιο όμορφη!», φώναζε η μία.

«*Εσύ*; Με αυτή τη μεγάλη μύτη; *Εγώ* είμαι η πιο όμορφη!».

«Δεν έχω μεγάλη μύτη! *Εγώ* έιμαι πιο όμορφη. Ενώ εσύ με αυτά τα υπερβολικά μεγάλα μάτια φαίνεσαι γελοία!».

Τότε δεν άντεξε άλλο η Νεφέλη. «Για ποιά ομορφιά μιλάτε;», απείλησε με οργή Φοβισμένες οι Νύμφες γύρισαν και κοίταγαν τα γατιά.

«Ποίοι είστε εσείς και τι ανακατεύεστε; Δεν έχετε καμμιά δουλειά στις δικές μας υποθέσεις», φώναξε με κακία μια Ναϊάδα.

Η οργή της γάτας μεγάλωσε. Το τρίχωμά της φούσκωσε σα σύννεφο. Έτσι φαινόταν πολύ πιο μεγάλη κι από ότι ήταν πραγματικά.

»Leider nicht. Noch nicht einmal Silenos, der Gott der Quellen, konnte sich Gehör verschaffen. Auch die Hyaden, die Regen-Nymphen, sind machtlos. Bislang konnte niemand die Streitenden zur Vernunft bringen!«

»Wo finden wir die Najaden?«, fragte Sophos.

»Seht ihr dort in der Ferne die hohen Berge? Das ist das Erymanthos Gebirge. Es hat vier Gipfel. In der Mitte befindet sich ein verstecktes Tal. Es ist nicht leicht zu finden, aber genau dort befindet sich der Lieblingsplatz der Nymphen.«

»Danke für deine Hilfe, Acheloos. Wir machen uns sogleich auf den Weg«, verabschiedeten sich die Kätzchen.

»Viel Glück, meine Freunde!«, rief der Flussgott ihnen nach. »Wenn es *euch* nicht gelingt, diese zickigen Weiber zur Einsicht zu bewegen, weiß ich auch nicht weiter«, murmelte er.

So schnell sie konnten flogen Nefeli und Sophos auf die Berge zu. Der Weg war weit, aber ihre Wut über das schändliche Tun der Najaden verlieh ihnen ungeahnte Kräfte.

Endlich erreichten sie ihr Ziel. Wie Acheloos vorausgesagt hatte, hielten sich die Nymphen in dem beschaulichen Tal auf. Ihre keifenden Stimmen drangen ihnen bereits aus großer Ferne entge-

Τα μάτια της γυάλιζαν σαν να βγαίνουν αστραπές. Η μικρή γατούλα ξαφνικά έγινε σαν ένας ζωντανός δαίμονας. Φοβισμένες οι Νύμφες υποχώρησαν λίγα βήματα.

«Τι λέτε; Έτσι νομίζετε; Ακούστε να σας πω: Οι δικές σας υποθέσεις είναι και δικές μας και μάλιστα μας αφορούν!».

«Εσείς; Θέλετε εσείς να είστε οι φύλακες των πηγών και των λιμνών, των ρυακιών και των ποταμών; Κοιτάτε, αλήθεια, τι κάνετε! Με το χαζό θέατρό σας και τη φοβερή ζήλια σας φέρατε μεγάλη ατυχία και στη φύση και στους ανθρώπους! Εσείς τσακώνεστε ποιά είναι η πιο όμορφη; Κοιτάξατε τελευταία καθόλου στον καθρέφτη; Τα μπερδεμένα μαλλιά σας οι ρυτίδες στο δέρμα σας και τα σκασμένα χείλη σας μόνο όμορφα δεν είναι», τους είπε περιφρονητικά η Νεφέλη. «Επειδή αφήσατε στην άκρη τα καθήκοντά σας και τα νερά στέρεψαν, υποφέρουν από τη δίψα άνθρωποι και ζώα, δέντρα και φυτά.»

Ντροπιασμένες αλληλοκοιτάχτηκαν οι Ναϊάδες.

«Ωχ! Αυτό δεν το θέλαμε», ψιθύρισε η Νύμφη των ποταμιών. «Είναι στα αλήθεια τόσο άσχημα τα πράγματα;».

«Ναι είναι», επιβεβαίωσε με σοβαρότητα ο Σόφος.

gen. Unbemerkt von den streitenden Najaden landeten Nefeli und Sophos direkt hinter ihnen.

»*Ich* bin die Schönste!«, tönte die eine.

»*Du*? Mit deiner langen Nase? *Ich* bin die Schönste!«

»Ich habe keine lange Nase! *Ich* bin die Schönste. Du dagegen, mit deinen Glupschaugen, siehst einfach nur lächerlich aus!«

Da konnte Nefeli nicht länger schweigen. »Von welcher *Schönheit* redet ihr eigentlich?«, fauchte sie zornig.

Erschreckt fuhren die Nymphen herum und starrten die beiden Katzen an. »Wer seid ihr und was mischt ihr euch in unsere Gespräche ein? Unsere Angelegenheiten gehen euch überhaupt nichts an!«, zischte eine der Najaden böse.

Die Wut der kleinen Katze wuchs. Ihr Fell plusterte sich auf und umschwebte sie wie eine Wolke. Dadurch erschien sie um ein Vielfaches größer, als sie in Wirklichkeit war. Ihre Augen funkelten und schleuderten Blitze. Die kleine Katze wirkte plötzlich wie ein leibhaftiger Dämon.

Verängstigt wichen die Nymphen ein paar Schritte zurück.

»Ach ja? Meint ihr? Lasst euch eines gesagt sein: *Eure* Angelegenheiten gehen *uns* sehr wohl etwas

«Ωχ! Αυτό δεν το θέλαμε», ψιθύρισε η Νύμφη των ποταμιών. «Είναι στα αλήθεια τόσο άσχημα τα πράγματα;».

«Ναι είναι», επιβεβαίωσε με σοβαρότητα ο Σόφος.

«Δεν το σκεφτήκαμε καθόλου», απολογήθηκε η Νύμφη των πηγών. «Θα διορθώσουμε τα λάθη μας.»

Ντροπαλά η Νύμφη των λιμνών κοίταζε τα γατάκια.

«Με συγχωρείτε για την ερώτησή μου ... φαινόμαστε στα αλήθεια τόσο απαίσιες και ξεραγκιασμένες; Έχουμε πολύ καιρό να δούμε τον εαυτό μας στον καθρέφτη, γιατί ... ασχολούμασταν μόνο με τον τσακωμό μας κι έτσι δεν καταλάβαμε πως όλα τα νερά, στα οποία βλέπαμε το πρόσωπό μας, στέρεψαν. Μα ήμασταν τόσο χαζές.»

«Ναι είσαστε», τους έδωσε δίκιο η Νεφέλη.

«Μην ξεχνάτε ποτέ κάτι», ακούστηκε ο Σόφος.

«Η εξαιρετική ομορφιά περνάει. Η αληθινή ομορφιά είναι μέσα μας. Θυμηθείτε τις αρετές σας όπως η συνέπεια, η εργατικότητα, η σοφία, η ταπεινότητα. Και προσέξτε να μη ξανασυμβεί το ίδιο!».

an!«, donnerte Nefeli. »*Ihr* wollt die Wächterinnen der Quellen und Seen, der Bäche und Flüsse sein? Dann schaut einmal hin, was ihr angerichtet habt! Durch euer dummes Gehabe und eure selbstverliebte Eifersucht habt ihr großes Unglück über die Natur und die Menschen gebracht! Ihr streitet euch darum, wer von euch die Schönste ist? Habt ihr in letzter Zeit einmal in einen Spiegel geschaut? Eure struppigen Haare, die faltige Haut und eure aufgesprungenen Lippen sind alles andere als schön«, zischte Nefeli verächtlich. »Weil ihr eure Aufgaben vernachlässigt habt und die Gewässer austrocknen lasst, verdursten die Menschen und Tiere, die Bäume und Pflanzen!«

Betreten schauten die Najaden sich an.

»Das haben wir nicht gewollt«, flüsterte die Nymphe der Flüsse entsetzt. »Ist es wirklich so schlimm?«

»Ja, das ist es«, bestätigte Sophos ernst.

»Wir haben nicht darüber nachgedacht«, gestand die Nymphe der Quellen. »Wir werden unsere Fehler wieder gut machen.«

Verlegen sah die Nymphe der Seen die beiden Kätzchen an. »Verzeiht mir bitte meine Frage, aber … sehen wir wirklich so schrecklich und vertrocknet aus? Wir haben unser Spiegelbild

«Υποσχόμαστε!», βεβαίωσαν οι Ναϊάδες. Ντράπηκαν πολύ για τη συμπεριφορά τους.

«Θα παρακολουθούμε εσάς και τις πράξεις σας», είπε άγρια η Νεφέλη. «Αν χρειαστεί να ξανά έρθουμε, επειδή ξεχάσατε τις υποχρεώσεις σας, δε θα έχουμε πια έλεος μαζί σας.»

Έτσι γύρισαν εκείνη κι ο Σόφος, άνοιξαν τα φτερά τους και ανέβηκαν στον αέρα. Οι νύμφες έμειναν με ανοιχτά τα στόματα κοιτάζοντάς τους πως φύγανε.

«Είδε ξανά καμιά από σας ιπτάμενη γάτα;», ρώτησε η Νύμφη των ρυακιών αμήχανα.

«Πρέπει να ήταν η Νεφέλη κι ο Σόφος. Τα γατιά της θεάς Ήρας», ψιθύρισε η Νύμφη των ρυακιών με σεβασμό. «Για όνομα των θεών. Έχετε υπόψη σας πόσο τυχερές ήμασταν; Θα μπορούσε να υπάρξει πολύ κακό τέλος για μας. Ποτέ δε θα ξεχάσουμε την ελεημοσύνη τους!».

Την ώρα που γύριζαν σιγά–σιγά προς τη Χατζή, ο Σόφος ξαφνικά χαμογέλαγε. «Τις έβαλες σε τάξη», γελούσε κάτω από τα μουστάκια του. «Με μιας το αγαπητό μικρό συννεφάκι έγινε μια τεράστια συννεφάρα καταιγίδας! Πώς το έκανες αυτό;».

schon lange nicht mehr betrachtet, weil … wir so mit unserem Streit beschäftigt waren und dadurch nicht merkten, wie alle Gewässer, in denen wir uns immer betrachten, versiegt sind. Wir waren ja so dumm!

»Ja, das wart ihr«, gab Nefeli ihr Recht.

»Denkt immer daran«, ließ sich Sophos vernehmen: »Äußere Schönheit ist vergänglich. Wahre Schönheit kommt nur von innen heraus. Besinnt euch auf eure Tugenden, wie Zuverlässigkeit, Fleiß, Weisheit und Demut. Und achtet darauf, dass das, was durch euren Leichtsinn geschehen ist, nie wieder passiert!«

»Das versprechen wir!«, versicherten die Najaden. Sie schämten sich sehr für ihr Verhalten.

»Wir werden euch und euer Tun im Auge behalten«, knurrte Nefeli. »Wenn wir noch einmal kommen müssen, weil ihr eure Pflichten vergesst, werden wir nicht so gnädig mit euch umgehen!«

Damit drehten sie und Sophos sich um, breiteten ihre Flügel aus und schwangen sich in die Luft.

Mit offenen Mündern starrten die Nymphen den beiden Tieren hinterher. »Hat eine von euch schon jemals *fliegende* Katzen gesehen?«, fragte die Bach-Nymphe verwirrt.

«Δεν έχω ιδέα!», απάντησε η Νεφέλη και γέλαγε. «Όμως τους έκανε φοβερή εντύπωση! Έτσι δε νομίζω πως οι Ναϊάδες θα μας ξεχάσουν ποτέ.»

«Πιστεύω πως έχεις δίκιο», συμφώνησε ο γάτος.

Λίγο πριν φτάσουνε στο σπίτι τους συννέφιασε. Ο αέρας δυνάμωσε και μόλις έφτασαν στο σπίτι άρχισε να βρέχει. Ευχαριστημένα τα γατάκια ξεκίνησαν το γρουγρούρισμά τους.

Επί μια εβδομάδα έβρεχε μέρα και νύχτα. Οι πηγές και οι λίμνες γέμισαν γρήγορα με νερό! Τα ρυάκια και τα ποταμάκια κύλαγαν αφρισμένα προς τη θάλασσα.

Μετά υποχώρησε η βροχή και βγήκε ο ήλιος.

Επιτέλους η Νεφέλη κι ο Σόφος βρήκαν χρόνο να πουν στη Σωτηρία για τη συνάντησή τους με τις Νύμφες. Τότε ξαφνικά ένα αυτοκίνητο σταμάτησε μπροστά από το σπίτι της γριάς. Ο άνδρας που βγήκε από μέσα δεν ήταν άλλος παρά ο δήμαρχος. Αφού χαιρέτησε τη Σωτηρία και τα γατάκια χαμογέλασε με απόγνωση.

«Μπορεί να με θεωρήσετε τρελό, αλλά την περασμένη νύχτα είχα ένα πολύ παράξενο όνειρο. Όταν ξύπνησα δε θυμόμουν τίποτα άλλο παρά μόνο ότι χάρη σε σας σταμάτησε η ξηρασία. Σας ευχαριστώ πολύ για αυτό. Έφερα μαζί μου την

»Das können nur Nefeli und Sophos gewesen sein. Die Katzen der Göttin Hera!«, flüsterte die Quellen-Nymphe ehrfürchtig. »Bei allen Göttern! Wisst ihr eigentlich, wie viel Glück wir hatten? Das hätte sehr, sehr schlimm für uns ausgehen können! Wir werden ihnen ihren Großmut nie vergessen!«

Während die beiden Kätzchen gemächlich zurück nach Hatzi flogen, begann Sophos zu kichern.

»Denen hast du es aber ganz schön gezeigt«, gluckste er. »Plötzlich wurde aus meinem lieben kleinen ›Wölkchen‹ eine gewaltig Gewitterwolke! Wie hast du das gemacht?«

»Keine Ahnung«, antwortete Nefeli lachend. »Aber es hatte eine ungeheure Wirkung, nicht wahr? Ich glaube nicht, dass die Najaden uns jemals vergessen.«

»Da könntest du recht haben«, stimmte der Kater zu.

Kurz bevor die beiden ihr Zuhause erreichten, zogen dunkle Wolken auf. Es wurde stürmischer und kaum dass sie ihr schützendes Haus erreicht hatten, setzte der Regen ein. Zufrieden begannen die Kätzchen zu schnurren.

κάμερα και θα ήθελα να βγάλω κάποιες φωτογραφίες σας. Αυτές θα μεγεθυνθούν και θα κρεμαστούν παντού στο Αίγιο και στα γύρω χωριά. Όλοι πρέπει να βλέπουν ποιοι μας βοήθησαν στην ανάγκη μας.»

Τα γατάκια και ο δήμαρχος έκαναν λίγα βήματα προς την έξοδο του χωριού. Εκείνο το σημείο που οι δυο τους έκαναν τις πρώτες προσπάθειες να πετάξουν είχε θαυμάσιο φόντο. Γρήγορα–γρήγορα έφτιαξαν με τα ποδαράκια τους τα αυτάκια και τα μουστάκια τους. Ήθελαν να φαίνονται όμορφα στις φωτογραφίες. Χαμογέλαγαν πονηρά η Νεφέλη κι ο Σόφος, ενώ στην κοιλάδα ηρέμησε η βουή του αφρισμένου ποταμιού. Κι επάνω από τη μια άκρη της κοιλάδας ως την άλλη έλαμπε πανέμορφο το ουράνιο τόξο! Αυτό ήταν το δώρο της θεάς Ήρας. Έδειχνε έτσι στα γατάκια η θεά του ουράνιου τόξου την ευγνωμοσύνη που μεσολαβεί ανάμεσα στους θεούς και τους ανθρώπους.

Eine ganze Woche lang regnete es Tag und Nacht. Aus den Quellen sprudelte das Wasser nur so hervor und die Seen füllten sich rasch. Auch die Bäche und Flüsse plätscherten vergnügt schäumendem Meer entgegen.

Dann ließ der Regen wieder nach und die Sonne kam zum Vorschein.

Endlich kamen Nefeli und Sophos dazu, Sotiria von ihrem Treffen mit den Nymphen zu erzählten.

Da hielt plötzlich ein Auto vor dem Haus der alten Frau. Der Mann, der aus dem Fahrzeug stieg, war niemand anderer als der Bürgermeister. Nachdem er Sotiria und die Kätzchen begrüßt hatte, lächelte er nachdenklich.

»Haltet mich ruhig für verrückt, aber ich hatte in der vergangenen Nacht einen seltsamen Traum. Als ich erwachte, konnte ich mich an vieles nicht mehr erinnern, nur an so viel, dass wir es euch beiden zu verdanken haben, dass die Trockenheit nun ein Ende hat. Dafür danke ich euch. Ich habe meinen Fotoapparat mitgebracht und möchte gerne ein paar Bilder von euch machen. Diese werden dann vergrößert und überall in Aigio und den umliegenden Orten aufgehängt. Alle sollen sehen, wer uns in der Not geholfen hat.«

Die Kätzchen und der Bürgermeister gingen die paar Schritte zum Ortsausgang. Die Stelle, an der Nefeli und Sophos ihre ersten Flugversuche unternommen hatten, mit dem nun herrlich grünen Tal, bot einen wunderbaren Hintergrund. Rasch strichen sich die beiden noch einmal mit ihren Pfötchen über die Ohren und Schnurrhaare. Schließlich wollten sie ja auf den Fotos hübsch aussehen. Verschmitzt grinsten Nefeli und Sophos in die Kamera. Das beruhigende Rauschen des schäumenden Flusses drang zu ihnen herauf. Und über ihm, das Tal überspannend, leuchtete ein wunderschöner Regenbogen! Dieser war ein Geschenk der Göttin Iris. Auf diese Weise zeigte die Göttin des Regenbogens und Mittlerin zwischen der Götterwelt und den Menschen den beiden Kätzchen ihre Dankbarkeit.

Οικογενειακή ευτυχία

Το φθινόπωρο και ο χειμώνας περάσανε πολύ γρήγορα. Οι γάτες του χωριού ξεπέρασαν γρήγορα την αρχική τους ντροπή και τριγύριζαν με τη Νεφέλη και το Σόφο στα αμπέλια. Τους δείξανε τις κρυψώνες τους και παίξανε. Με το που μπήκε η άνοιξη η Νεφέλη έκανε όλο και λιγότερο εκδρομές. Προτιμούσε να κάθεται στη Σωτηρία ή στο Θανάση και τη γυναίκα του. Κι ο λόγος ήταν πως περίμενε τα πρώτα της μικρά! Η κοιλίτσα της στρογγύλευε όλο και περισσότερο κι οι κινήσεις της μέρα με τη μέρα γίνονταν πιο βαριές. Επιτέλους ήρθε η ώρα.

«Πώς είσαι;», ρώτησε με ανησυχία ο Σόφος και προστατευτικά χάιδευε το κεφάλι της αδελφούλας του. Λίγα λεπτά νωρίτερα είχε γεννήσει και το τελευταίο από τα τέσσερα μικρά! Μόλις κουλουριάστηκαν στο μαλακό τρίχωμα της Νεφέλης και πίνανε. Ο γάτος κοίταγε τα μικρά με αγάπη. «Είναι πανέμορφα!».

Και ήταν στα αλήθεια. Δυο γατούλες και δυο γατούληδες βγήκαν στο φως του κόσμου. Η πρωτογέννητη γατούλα ήταν κόκκινη σαν τη φωτιά κι η δεύτερη κόκκινη με άσπρα ποδαράκια, άσπρο στήθος κι άσπρο τελείωμα της

Familienglück

Der Herbst und der Winter vergingen wie im Flug. Die Dorfkatzen hatten ihre anfängliche Scheu schnell überwunden und strolchten mit Nefeli und Sophos durch die Weinberge. Sie zeigten ihnen geheime Verstecke, tollten herum und fochten freundschaftliche Kämpfe aus. Langsam hielt nun der Frühling Einzug und Nefeli unternahm immer seltener Ausflüge. Sie hielt sich lieber bei Sotiria oder Thanasis und seiner Frau auf. Der Grund dafür war: Sie erwartete Nachwuchs! Ihr Bäuchlein rundete sich immer mehr und ihre Bewegungen wurden von Tag zu Tag schwerfälliger.

Dann war es endlich soweit!

»Wie geht es dir?«, fragte Sophos besorgt, und leckte seiner Schwester fürsorglich über das Köpfchen. Vor wenigen Minuten hatte sie das letzte der vier Kleinen zur Welt gebracht. Nun lagen sie an Nefelis weiches Bauchfell gekuschelt und tranken. Liebevoll betrachtete der Kater den Nachwuchs. »Sie sind wunderschön!«

Und das waren sie in der Tat. Zwei Kätzchen und zwei Katerchen hatten das Licht der Welt erblickt. Das erstgeborene Kätzchen war flam-

ουράς. Ο ένας γάτος είχε πυκνό γκρι τρίχωμα κι ο πιο μικρός κατάμαυρο. Όλα τους είχαν στο μέτωπό τους το “Μ“ για τη Μέτιδα. Και κάτω από το τρίχωμά τους φαίνονταν τα σχήματα μικρών φτερουγιών. Αυτές όμως τις έβλεπαν μόνο οι γονείς!

«Ναι, αυτά είναι!», γρουγρούριζε η Νεφέλη ευτυχισμένα. Ενθυμούμενη τα λόγια της Ήρας καθώς αποχαιρετούσαν τον Όλυμπο πρόσθετε: «Είμαι πολύ περίεργη ποιά όνόματα επέλεξε η Ήρα για τα μικρά μας. Με τίποτα δεν πρέπει να χάσουμε τη στιγμή που πρέπει να πάμε στο σπήλαιο του Ηρακλή!».

Στο μεταξύ οι τρεις εβδομάδες πέρασαν πολύ γρήγορα. Ένα πρωινό, πριν την ανατολή του ήλιου, εμφανίστηκαν ο Μαύρος και η Σελίνα. Η γάτα αυτή είχε γεννήσει την ίδια στιγμή με τη Νεφέλη.

«Σήμερα είναι η μέρα που πρέπει να κάνετε το ταξίδι σας», υπενθύμισε ο Μαύρος στους φίλους του. «Εμείς θα φροντίσουμε τα μικρά σας κι η Σελίνα θα τα θηλάσει. Μην ανησυχείτε για αυτό. Θα τα προσέξουμε σαν τα μάτια μας!».

«Ξέρεις που είναι το σπήλαιο του Ηρακλή;», ρώτησε η Νεφέλη.

mend rot; das zweite rot mit weißen Pfötchen, weißem Brustfell und ebensolcher Schwanzspitze. Der eine Kater hatte sehr dichtes graues Fell, und der Jüngste rabenschwarzes. Sie alle trugen auf ihrer Stirn das ›M‹ der Göttin Metis, und unter ihrem Fell zeichneten sich die Umrisse winziger Flügelchen ab. Diese waren jedoch nur für die Eltern sichtbar!

»Ja, das sind sie«, schnurrte Nefeli glücklich. Sich daran erinnernd, was Hera ihnen beim Abschied vom Olymp gesagt hatte, fügte sie hinzu: »Ich bin schon ganz gespannt, welche Namen Hera für unsere Kleinen auswählen wird. Wir dürfen auf keinen Fall den Zeitpunkt versäumen, an dem wir uns zu der Höhle des Herakles begeben müssen!«

Die drei Wochen bis dahin vergingen schnell. Eines Morgens, noch bevor die Sonne aufging, erschienen Mawros und Selena. Die Katze hatte zum selben Zeitpunkt ihre Jungen bekommen wie Nefeli.

»Heute ist der Tag an dem ihr euch auf eure Reise begeben müsst«, erinnerte Mawros seine Freunde. Wir werden uns um eure Kleinen kümmern und Selena wird sie säugen. Macht euch also keine Sorgen. Wir werden sie hüten, wie unsere Augäpfel!«

«Όχι ακριβώς! Ξέρω μόνο ότι πρέπει να πάτε προς την κατεύθυνση που ανατέλλει ο Ήλιος, ... εμ ... να πετάξετε. Με τα πόδια είναι περίπου δυο μέρες από δω, αλλά εσείς σίγουρα θα είστε πιο γρήγορα εκεί.»

«Σίγουρα θα συναντήσουμε κάποιον στο δρόμο που μπορούμε να τον ρωτήσουμε», είπε ο Σόφος.

Τα δυο γατιά αποχαιρέτησαν, άνοιξαν τις φτερούγες τους κι εξαφανίστηκαν. Αφού έκαναν το μισό του δρόμου αποφάσισαν να κάνουν ένα διάλλειμμα.

«Πόσο μακριά να ήταν ακόμα;», σκεφτόταν η Νεφέλη.

«Βλέπεις εκεί πέρα τα ερείπια του αρχαίου χώρου; Μήπως θα βρούμε εκεί κάποιον να μας πει το δρόμο», απάντησε ο Σοφος. Πέταξαν μέχρι τα ερείπια κι έψαξαν.

«Δεν είναι κανένας εδώ», είπε η Νεφέλη απογοητευμένη.

«Μην το λες. Ή μήπως εγώ δεν είμαι *κανένας*;», ακούστηκε μια φιλική φωνή από πίσω τους.

Τα γατάκια γύρισαν ξαφνιασμένα. Δεν πίστευαν τα μάτια τους όταν είδαν ποιός στεκόταν μπροστά τους. Η φωνή ήταν από ένα ανθρώπινο όν. Για

»Weißt du wo sich die Höhle des Herakles befindet?«, fragte Nefeli.

»Nicht genau. Ich weiß nur, dass ihr in Richtung Sonnenaufgang gehen, ähm, *fliegen* müsst. Sie liegt etwa zwei Tagesmärsche entfernt, aber ihr werdet sie natürlich schneller erreichen.«

»Wir werden bestimmt unterwegs jemanden treffen, den wir fragen können«, meinte Sophos. Die beiden Katzen verabschiedeten sich, breiteten ihre Flügel aus und entschwanden in die angegebene Richtung.

Nachdem sie etwa die Hälfte der Strecke zurückgelegt hatten, beschlossen sie eine Pause einzulegen.

»Wie weit ist es wohl noch?«, überlegte Nefeli.

»Keine Ahnung. Aber siehst du dort drüben die Ruinen der antiken Stätte? Vielleicht finden wir da jemanden, der uns den Weg sagen kann«, antwortete Sophos.

Sie flogen zu den alten Mauerresten hinüber und schauten sich um.

»Hier ist niemand.« Nefeli war enttäuscht.

»Sag das nicht. Oder bin ich vielleicht *niemand*?«, erklang eine freundliche Stimme hinter ihnen.

Erstaunt sahen die Katzen sich um. Ungläubig weiteten sich ihre Augen als sie sahen, wer da vor

την ακρίβεια από έναν άνδρα. Τέτοια ρούχα όμως δεν είχαν δει ποτέ και το σώμα του ήταν διάφανο!

«Είσαι ... ένα πνεύμα;», ρώτησε η Νεφέλη με ανασφάλεια.

«Ναι είμαι. Με λένε Αστέριο και είμαι ο φύλακας της Αρχαίας Ελίκης. Χαίρομαι που με επισκέπτεστε.»

«Ελίκη! Η αναφορά πολλών μύθων», μουρμούρισε ο Σόφος. «Άρα τελικά υπήρχε!».

«Ναι και ήταν πανέμορφη», επιβεβαίωσε ο Αστέριος.

«Θα ήθελα να μάθω περισσότερα για αυτήν», ρώτησε με λαχτάρα ο γάτος. «Πραγματικά βυθίστηκε στη θάλασσα από ένα μεγάλο σεισμό;».

«Ναι, σωστό!».

«Και πώς γίνεται να ζεις εσύ εδώ μέσα ως πνεύμα;», ρώτησε η Νεφέλη με περιέργεια.

«Την ώρα της καταστροφής βρισκόμουν στον ιερό ναό. Όποιος πεθαίνει σε ιερό τόπο, ποτέ δε φεύγει εντελώς από αυτό τον κόσμο», εξήγησε ο Αστέριος. «Είναι όμως μια μεγάλη ιστορία. Αν έχετε χρόνο ευχαρίστως να σας την πω.»

«Δυστυχώς δεν μπορούμε σήμερα», απάντησε λυπημένος ο Σόφος. «Βρισκόμαστε στο δρόμο για

ihnen stand. Die Stimme gehörte zu einem menschlichen Wesen. Um genau zu sein, zu einem Mann. Doch seine Kleidung ähnelte keiner, die sie bislang gesehen hatten und sein Körper … schimmerte *durchsichtig*!

»Bist du … ein Geist?«, fragte Nefeli unsicher.

»Ja, das bin ich. Ich heiße Asterios und bin der Wächter der einstigen Stadt Helike. Ich freue mich, dass ihr mich besuchen kommt.«

»Helike, die sagenumwobene Stadt«, murmelte Sophos andächtig. »Sie gab es also wirklich!«

»Ja, und sie war wunderschön«, bestätigte Asterios.

»Ich würde gerne mehr darüber erfahren«, gestand der Kater. »Ist sie tatsächlich während eines schlimmen Erdbebens im Wasser versunken?«

»Ja, das ist richtig.«

»Wie kommt es, dass du hier als Geist lebst?«, fragte Nefeli neugierig.

»Ich hielt mich zum Zeitpunkt des Unglücks im heiligen Tempel auf. Wer in einem Heiligtum ums Leben kommt, wird diese Welt nie ganz verlassen«, erklärte Asterios. »Aber das ist eine lange Geschichte. Wenn ihr Zeit habt, erzähle ich sie euch gerne.«

τη σπηλιά του Ηρακλή. Μπορείς να μας πεις πώς να πάμε και πόσο μακριά είναι ακόμα;».

«Ευχαρίστως! Κλείστε τα μάτια σας και θα σας δείξω το δρόμο.»

«Πώς θες να μας δείξει το δρόμο άμα κλείσουμε τα μάτια μας;», παραξενεμένη ρώτησε η Νεφέλη.

«Θα το δεις σε λίγο!», χαμογέλασε όλο μυστήριο το πνεύμα.

Η γάτα κούναγε το μουστάκι της γεμάτη καχυποψία. Όμως μετά εκείνη και ο Σόφος έκαναν ότι τους είχε πει το πνεύμα. Αμέσως εμφανίστηκαν εικόνες στα κλειστά μάτια της. Είδαν πως πέταξαν πάνω από χωράφια και ελαιώνες και παρακολούθησαν για λίγο το δρόμο. Πίσω από μια διπλή στροφή στο δεξί χέρι φαινόταν ένας βράχος κι εκεί ήταν η σπηλιά.

«Μα δεν είναι πολύ μακριά», χάρηκε η Νεφέλη. «Ευχαριστώ πολύ για τη βοήθειά σου!».

«Σύντομα θα σε επισκεφτούμε», υποσχέθηκε ο Σόφος.

«Και τότε θα έχουμε πολύ καιρό, ενώ τώρα πρέπει να συνεχίσουμε.»

«Τα λέμε και καλό ταξίδι!», ευχήθηκε το πνεύμα και τους αποχαιρέτησε.

»Heute geht es leider nicht«, bedauerte Sophos. »Wir sind auf dem Weg zur Höhle des Herakles. Kannst du uns sagen, wie wir dorthin kommen und wie weit es noch ist?«

»Das mache ich gerne. Schließt eure Augen, dann zeige ich euch den Weg.«

»Wie willst du uns den Weg zeigen, wenn wir unsere Augen zumachen sollen?«, fragte Nefeli verwundert.

»Du wirst es gleich wissen!«, schmunzelte der Geist geheimnisvoll.

Misstrauisch zuckte die Katze mit ihren Schnurrhaaren. Dann taten sie und Sophos jedoch wie ihnen geheißen wurde. Im Nu tauchten hinter ihren geschlossenen Lidern Bilder auf. Sie sahen, wie sie über Felder und Olivenhaine flogen und folgten eine Weile der Straße. Hinter einer S-förmigen Kurve erschien bald auf der rechten Seite eine Felswand und dort befand sich die Höhle.

»Es ist ja gar nicht mehr weit«, freute sich Nefeli. »Vielen Dank für deine Hilfe!«

»Wir werden dich bald besuchen kommen«, versprach Sophos. »Dann haben wir auch ganz viel Zeit, doch jetzt müssen wir weiter.«

»Bis bald und gute Reise«, wünschte der Geist, und winkte den beiden fröhlich hinterher.

Λίγο αργότερα τα δυο γατάκια φτάσανε. Επειδή είχαν ακόμα λίγο δρόμο μέχρι το σούρουπο έκατσαν μπροστά στην είσοδο κι απολάμβαναν τη μοναδική θέα. Από κάτω τους απλωνόταν η πεδιάδα του Ελαιώνα με τους ελαιώνες, τις πορτοκαλιές και τις λεμονιές. Που και που απάστραπταν οι κόκκινες σκεπές μέσα στο πράσινο και τα καμπαναριά των γύρω μικρών χωριών λάμπανε σαν άστρα. Στο φως του ήλιου, που έπεφτε σιγά σιγά, γυάλιζε σαν ασήμι το μπλε νερό του κορινθιακού κόλπου κι αμέτρητοι τζίτζικες λέγανε το βραδινό τους τραγούδι.

Όταν νύχτωσε τα μικρά γατάκια μπουσούλισαν ως τον πέτρινο κρυψώνα. Κουλουριάστηκαν κι έπεσαν σε βαθύ ύπνο. Ο *Μόρφεος*, ο θεός των ονείρων, τύλιξε τα δυο γατάκια στα μάγια του. Τα πήρε μαζί του σε έναν παραμυθένιο κόσμο μέχρις ότου ξαφνικά εμφανίστηκε το φιλικό πρόσωπο της Ήρας.

«Τι ωραία που ήρθατε αγάπες μου!», χάρηκε η θεά! «Χαίρομαι που είστε καλά και να σας ζήσουν τα παιδιά σας. Είναι πολύ γλυκούλια.»

«Ναι, έχουμε καλή ζωή στη γη», επιβεβαίωσε ο Σόφος. «Για αυτό σε ευχαριστούμε πολύ.»

Wenig später erreichten die zwei Kätzchen ihr Ziel. Da sie bis zur Dämmerung noch etwas Zeit hatten, setzten sie sich vor den Eingang und genossen die einzigartige Aussicht.

Unter ihnen erstreckte sich die Ebene von Eleonas mit ihren Olivenhainen und Obstbäumen. Vereinzelt blitzen rote Dächer aus dem Grün hervor und die Kirchtürme der kleinen, umliegenden Orte leuchteten weiß zu ihnen herüber. Im Licht der langsam versinkenden Sonne glitzerte das blaue Wasser des Golfs von Korinth silbrig, und unzählige Zikaden sangen ihr Abendlied. Als die Dunkelheit einsetzte, krochen die beiden Kätzchen in den felsigen Unterschlupf. Sie rollten sich zusammen und fielen in einen tiefen Schlaf. Morpheus, der Gott der Träume, hüllte die zwei Tierchen in seinen Zauber. Er entführte sie in märchenhafte Welten, bis plötzlich das liebliche Gesicht Heras erschien.

»Wie schön, dass ihr gekommen seid!«, freute sich die Göttin. »Ich bin froh, dass es euch gut geht und gratuliere euch zu euren Kindern. Sie sind wirklich allerliebst.«

»Ja, wir haben ein schönes Leben auf der Erde«, bestätigte Sophos. »Dafür danken wir dir sehr.«

»Wie ich es euch versprochen habe, verfolge ich euer Tun in der Menschenwelt. Ich muss sagen,

«Όπως σας υποσχέθηκα, παρακολουθώ ότι κάνετε στον κόσμο των ανθρώπων. Πρέπει να σας πω, ότι τα κάνετε όλα θαυμάσια. Σας καμαρώνω! Και τώρα θα σας πω τα ονόματα των παιδιών σας:

Η πρωτογέννητη με το μοναδικό κόκκινο τρίχωμα, θα πάρει το όνομα *Πανακέα*, θα έχει το όνομα της θεάς της ιατρικής. Επίσης τα πρώτα τρία γράμματα αναφέρονται στο θεό Παν. Ο κύριος των δασών και της φύσης. Εκείνη θα πάρει από μένα την ικανότητα να θεραπεύει. Θα γνωρίσει τα θεραπευτικά βότανα όπως κανένας άλλος και θα βρει ένα δάσκαλο που θα καταλάβει τις ικανότητές της και θα την προωθήσει.

Την αδελφή της με το κόκκινο–άσπρο σχήμα να τη λέτε *Μυρίνη*. Πήρε το όνομα από μια μεγάλη βασίλισσα των αμαζόνων. Θα της αρέσει πάρα πολύ να είναι στο νερό και θα περάσει πολλές περιπέτειες.

Τα μαύρο γατάκι σας θα το φωνάζετε *Θεόδωρο*. Το όνομα σημαίνει ότι βλέπει ή διαβάζει τα αστέρια. Θα του κάνουν δώρο την ικανότητα να βλέπει το μέλλον. Να ακούτε πάντα τις προφητείες του, ακόμα κι αν σας φαίνονται παράλογες!

Στο πιο μικρό σας με το σγουρό και γρκί τρίχωμα θα δώσω το όνομα *Καικίας*. Είναι το

ihr macht eure Sache großartig. Ich bin sehr stolz auf euch! Aber jetzt seid ihr bestimmt schon ganz gespannt, welche Namen ich für eure Kinder gewählt habe. Ich will euch nicht länger im Unklaren lassen: Eure Erstgeborene, mit ihrem einzigartigen roten Fell, erhält den Namen *Panakea*. Sie trägt den Namen der Göttin der Heilkunst. Auch beziehen sich die ersten drei Buchstaben ihres Namens auf den des Gottes Pan, den Herrscher über die Wälder und der Natur. Sie erhält von mir die Gabe des Heilens. Sie wird sich in der Welt der Heilkräuter auskennen, wie kein anderer und einen Lehrer finden, der ihre Fähigkeiten erkennt und fördert.

Ihre Schwester, mit ihrer rot-weißen Zeichnung, nennt *Myrine*. Sie ist nach einer großen Amazonen-Königin benannt. Sie wird sich leidenschaftlich gerne im Wasser aufhalten und viele Abenteuer bestehen.

Euer schwarzes Katerchen werdet ihr *Theodoros* rufen. Der Name bedeutet *Seher*, beziehungsweise *Sternendeuter*. Ihm mache ich das Geschenk des Hellsehens. Hört immer auf seine Prophezeiungen, selbst wenn sie euch abwegig erscheinen!

Eurem Jüngsten, mit seinem wuscheligen grauen Fell, gebe ich den Namen *Kaikias*. Es ist der Na-

όνομα του βοριά, κι ο γιος σας θα γίνει και εκείνος εξίσου γρήγορος και θυελλώδης. Παίρνει το δώρο του δικαίου. Θα μπορεί να βρίσκει τα χαμένα πράγματα και θα είναι πολύ σκληρός απέναντι στους κακούς!».

«Είναι υπέρχοα ονόματα. Ευχαριστούμε πολύ Ήρα!», είπαν χαρούμενα οι γονείς των γατιών. «Ευχαριστούμε επίσης για τα χαρίσματα που έδωσες στα παιδιά μας.»

«Δεν τελείωσα», συνέχισε η θεά. «Θα κατέχουν επίσης την τεχνική της τηλεπάθειας. Θα πάρετε πολλές χαρές με τα παιδιά σας. Αλλά ... με το ταπεραμέντο τους θα σας φέρουνε κάποιες φορές φόβο και τρόμο και θα φροντίσουν να σας γεμίσουν με αρκετές γκρι τρίχες», γέλαγε η θεά. «Σας εύχομαι ευτυχισμένη ζωή. Που και που θα σας καλώ. Τότε θα μπορούμε, όπως κι αυτή εδώ τη νύχτα, να μιλάμε μαζί. Ως τότε στο καλό!».

Η εικόνα της θεάς ξαφνικά χάθηκε και η Νεφέλη κι ο Σόφος ξύπνησαν. Ξεκίνησαν αμέσως για το σπίτι τους. Με περηφάνεια αποκάλυψαν, πρώτα στο Μαύρο και στη Σελίνα που φρόντιζαν τα μικρά, τα ονόματα των παιδιών τους. Τρέξανε στη Σωτηρία να της αναγγείλλουν και εκείνης τα νέα. Η γριά χαμογέλαγε ευχαριστημένη. Σκεφτόταν με

me des Nordostwindes, und genauso schnell und stürmisch wie dieser, wird euer Sohn werden. Er erhält die Gabe der Gerechtigkeit. Er wird Verlorengegangenes aufzuspüren wissen und Bösewichten gegenüber unerbittlich sein!«

»Es sind bezaubernde Namen. Vielen Dank, liebe Hera!«, freuten sich die Katzeneltern. »Und Danke auch für die Gaben, die du unseren Kindern zum Geschenk machst.«

»Das war noch nicht alles«, fuhr die Göttin fort. »Sie werden außerdem die Kunst des Gedankenlesens und der Gedankenübertragung beherrschen. Ihr werdet viel Freude an euren Kindern haben. Aber … sie werden euch mit ihrem Übermut und Ungestüm auch so manches Mal in Angst und Schrecken versetzen; und sie werden dafür sorgen, dass so manches graue Haar euer Fell zieren wird«, schmunzelte die Göttin. »Ich wünsche euch ein glückliches Leben. Von Zeit zu Zeit werde ich euch rufen. Dann können wir, so wie in dieser Nacht, miteinander reden. Bis dahin lebt wohl!«

Das Bild der Göttin löste sich auf und Nefeli und Sophos erwachten. Sogleich machten sie sich auf den Heimweg. Voller Stolz verrieten sie zuerst Mawros und Selena, die sich fürsorglich um die Kleinen gekümmert hatten, die Namen ihrer Kin-

αγωνία τις εκπλήξεις που θα είχε η ζωή για τα τέσσερα γατάκια.

der. Anschließend eilten sie zu Sotiria, um auch ihr die Neuigkeit zu verkünden. Die alte Frau lächelte zufrieden. Sie war schon gespannt, welche Überraschungen das Leben für die vier Kätzchen bereithielt.

Κορόιδα με συνέπειες

Στο μεταξύ είχε έρθει το καλοκαίρι. Τα μικρά γατάκια είχαν μεγαλώσει και ήταν στην ηλικία που θα δοκίμαζαν οτιδήποτε, είτε καλό είτε κακό!

«Τι ακριβώς είχε πει η Ήρα;», ρώτησε η Νεφέλη τον πατέρα των παιδιών της μια μέρα αναστενάζοντας. «Τα αγαπημένα μικρά μας γατάκια θα φροντίσουν να βγάλουμε άσπρο τρίχωμα; Πόσο δίκιο είχε; Ευτυχώς που έχω άσπρο τρίχωμα έτσι κι αλλιώς.»

«Εντάξει, είναι πολύ μικρά ακόμα!», γέλαγε ο Σόφος.

«Δε θυμάσαι τις ζαβολιές που κάναμε και εμείς όταν ήμασταν στην ηλικία τους; Μόνο και μόνο τι κάναμε στα σκυλιά του Δία θυμήσου.»

Η Νεφέλη γέλαγε. «Δίκιο έχεις. Νωρίς–νωρίς θα μάθουνε πόσο σκληρή είναι η ζωή.»

«Τι λες; Να πάρουμε αύριο ρεπό από τα παιδιά μας και να πετάξουμε στο φίλο μας το πνεύμα στην Αλυκή;», ρώτησε ο Σόφος.

«Ναι, πολύ ωραία!», χάρηκε η Νεφέλη. Ασφαλώς και δεν είχαν ξεχάσει τον Αστέριο κι ήταν καιρός να τον επισκεφτούν, καθώς του το είχαν υποσχεθεί!

Schabernack mit Folgen

Mittlerweile war es Sommer geworden. Die jungen Kätzchen waren zu unternehmungslustigen Schlingeln herangewachsen, die zu jedem Unsinn bereit waren.

»Wie hatte Hera es so schön gesagt?«, fragte Nefeli eines Tages seufzend den Vater ihrer Kinder. »Unsere *lieben Kleinen* würden dafür sorgen, dass unser Fell ergraut? Wie recht sie doch hatte! Ich bin heilfroh, dass ich einen schneeweißen Pelz habe und die grauen Haare deshalb nicht so auffallen.«

»Sie sind halt noch sehr jung«, grinste Sophos. »Weißt du denn nicht mehr, was wir alles angestellt haben, als wir in ihrem Alter waren? Ich sage bloß: Zeus´ Hunde!«

Nefeli lachte. »Das ist wahr. Der Ernst des Lebens wird sie noch früh genug ereilen.«

»Was meinst du, wollen wir uns morgen einen kinderfreien Tag gönnen und zu unserem Geisterfreund nach Helike fliegen?«, schlug Sophos vor.

»Oh, ja! Das wäre schön!« Nefeli freute sich. Sie hatten Asterios nicht vergessen, und es wurde Zeit, dass sie ihr Versprechen einlösten und ihn besuchten. »Ich werde Sotiria und unsere Freunde

«Θα παρακαλέσω τη Σωτηρία και τα τετράποδα φιλαράκια μας να ρίχνουν καμμιά ματιά στα μικρά», είπε ο Σόφος.

Εκείνοι δέχτηκαν με ευχαρίστηση να κάνουν τη ντάντά!

Μετά από αμέτρητες συμβουλές στα τέσσερα γατάκια να μην κάνουν τίποτα κουταμάρες, η Νεφέλη κι ο Σόφος ξεκίνησαν πρωί πρωί την άλλη μέρα.

Μόλις έφυγαν οι γονείς, η Μυρίνη ρώτησε: «Ποια χαζομάρα μπορούμε να κάνουμε τώρα;».

«Τι λέτε να πετάξουμε λίγο γύρω γύρω», πρότεινε ο Καικίας.

«Αφού ξέρετε ότι δε μας επιτρέπεται χωρίς τους γονείς μας», είπε η Πανακέα.

«Θα βρούμε το μπελά μας!«, πρόβλεψε ο Θεόδωρος.

«Αχ! Μόνο λιγάκι, σας παρακαλώ!», παρακάλεσε η Μυρίνη. «Μη μας χαλάτε το παιχνίδι.»

«Εντάξει, *λιγάκι* ίσως δεν πειράζει», υποστήριξε η Πανάκεια την αδερφή της.

«Κοιτάξτε», φώναξε η Μυρίνη και έδειξε με χαρά προς το απέναντι κτίριο. «Ο Antony γύρισε. Ανέβηκε στη σκάλα και βάφει το σπίτι του. Πάμε να το χαιρετήσουμε.»

bitten, ein Auge auf unsere Rasselbande zu haben«, bot Sophos an.

Natürlich erklärten sich alle gerne dazu bereit, Kindermädchen zu spielen. Nach unzähligen Ermahnungen an die vier Kätzchen, keinerlei Unsinn zu machen, flogen Nefeli und Sophos früh am nächsten Morgen los.

Kaum waren die Eltern außer Sicht, fragte Myrine spitzbübisch: »Was stellen wir denn jetzt an?«

»Wie wäre es, wenn wir ein bisschen herumfliegen?«, schlug Kaikias vor.

»Ihr wisst doch, dass wir es ohne die Eltern noch nicht dürfen!«, wandte Panakea ein.

»Das gibt nur Ärger!«, orakelte Theodoros.

»Och, nur so ein bisschen. Bitte!«, bettelte Myrine. »Seid doch nicht solche Spielverderber!«

»Naja, so ein *bisschen* ist ja vielleicht nicht schlimm«, stand Panakea ihrer Schwester bei.

»Seht mal«, rief Myrine, und zeigte erfreut auf das gegenüberliegende Gebäude. »Antony ist wieder da. Er steht oben auf der Leiter und streicht sein Haus. Lasst uns ihn begrüßen.«

»Wenn er nicht so viel Farbe auf den Boden kleckern würde, bräuchte er bedeutend weniger davon«, kicherte Theodoros.

«Αχ αχ! Αν δεν πέταγε το μισό χρώμα στη γη, δε θα χρειαζόταν τόσο πολύ», γέλαγε ο Θεόδωρος.

Τα παιδιά τον συμπάθησαν πολύ με τα λαμπερά μπλε του μάτια και την κοιλίτσα του. Ήξερε πολύ καλά να τα χαϊδεύει και να λέει συναρπαστικές ιστορίες. Κρίμα που αυτός κι η γυναίκα του έρχονταν στο πανέμορφο σπιτάκι τους μόνο δυο φορές το χρόνο για να περάσουν λίγες εβδομάδες.

Τα γατάκια χαρούμενα άπλωσαν τις φτερούγες τους και πέταξαν προς το γείτονα. Εκείνος τραγουδούσε ένα ωραίο σκοπό και κούναγε το πινέλο σύμφωνα με το ρυθμό. Βυθισμένος καθώς ήταν στη δουλειά του δεν είδε τα γατάκια που έρχονταν. Όταν ξαφνικά αυτά τον περικύκλωσαν, νιαουρίζοντας με τη μουσουδούλα τους, τρόμαξε. Το πινέλο κι ο κουβάς πετάχτηκαν στον αέρα. Η σκάλα ταρακουνήθηκε κι ο Antony έχασε την ισορροπία του. Έβγαλε μια κραυγή πέφτοντας κι έμεινε ακίνητος. Τρομαγμένα τα γατάκια έτρεξαν γύρω του.

«Δεν το θέλαμε!», έκλαιγε η Μυρίνη. «Σε παρακαλώ πες κάτι Antony.»

«Μμμ! Το ήξερα πως κάτι θα συμβεί», μουρμούριζε ο Θεόδωρος.

Die Kinder mochten den netten Mann mit den strahlend blauen Augen und dem kleinen Bäuchlein sehr gerne. Er konnte wunderbar kraulen und ganz spannende Geschichten erzählen. Leider kamen er und seine Frau nur zwei Mal im Jahr, um ein paar Wochen in ihrem hübschen Häuschen zu verbringen. Vergnügt breiteten die Kätzchen ihre Flügel aus und flogen auf den Nachbarn zu. Der summte eine hübsche Melodie vor sich hin und schwang im Takt dazu den Pinsel. Ganz vertieft in seine Arbeit sah er die Kätzchen nicht kommen. Als diese plötzlich ausgelassen maunzend um Antonys Kopf herumschwirrten, erschrak er fürchterlich. Der Pinsel und der Eimer mit der Farbe flogen in hohem Bogen durch die Luft. Die Leiter geriet ins Wanken und Antony verlor das Gleichgewicht. Mit einem Schrei stürzte er in die Tiefe und blieb bewegungslos auf dem Boden liegen.

Zu Tode erschrocken sausten die Kätzchen zu ihm hinunter.

»Das haben wir nicht gewollt!«, weinte Myrine. »Antony, bitte sag doch etwas!«

»Ich habe geahnt, dass etwas passieren wird«, murmelte Theodoros verstört.

Ο Καικίας αναπήδησε από το ένα ποδαράκι στο άλλο. «Πωπώ!, τι θα κάνουμε τώρα, τι θα κάνουμε;», φώναζε ξανά και ξανά.

Μόνο η Πανάκεια έμεινε ψύχραιμη. «Αναπνέει!», αναρώτησε καθώς είχε βάλει το κεφαλάκι της στη μύτη του.

«Ναι, αλλά τρέχει το αίμα», έκλαιγε η Μυρίνη.

«Θεόδωρε! Πήγαινε στο σπιτάκι μας. Φέρε μου δεντρολίβανο, σύμφυτο και αλάτι», παρακάλεσε η Πανάκεια τον αδερφό της. «Κι εσύ, Καικία, τρέξε και φέρε μου όσους ιστούς αράχνης μπορείς!».

«Μπορώ να κάνω κι εγώ κάτι;», ρώτησε η Μυρίνη.

«Ναι! Φέρε μου τσουκνίδα και κάντε όλοι γρήγορα!».

Σαν αστραπή έτρεξαν τα τρία γατάκια να φέρουνε ότι τους ζητήθηκε. Στο μεταξύ η Πανάκεια έγλυφε το πρόσωπο του Antony, μήπως και κατάφερνε έτσι να σταματήσει την αιμοραγία. Για μια στιγμή σκέφτηκε να χρησιμοποιήσει την ικανότητά της τηλεπάθειας μπας και τον ξυπνήσει. Όταν όμως είδε ότι το πόδι του είχε γυρίσει εντελώς, σκέφτηκε να μην το κάνει. Ολοφάνερα το πόδι ήταν σπασμένο κι αν τον ξύπναγε, θα πονούσε φοβερά. Για αυτό δεν το έκανε.

Kaikias sprang von einer Pfote auf die andere. »Was machen wir denn nun? Was machen wir denn nun?«, rief er immer wieder.

Die Einzige, die die Ruhe behielt, war Panakea. »Er atmet!«, verkündete sie, nachdem sie ihr Köpfchen an seine Nase gehalten hatte.

»Aber er blutet ganz tüchtig!«, schluchzte Myrine.

»Theodoros, geh in unser Haus. In der Nische neben meinem Nachtlager findest du meine Heilkräuter. Die Gläser sind beschriftet. Bring mir Rosmarin, Beinwell und Salz«, bat Panakea ihren Bruder. »Und du, Kaikias, sause los und besorg mir so viele Spinnweben, wie du finden kannst!«

»Kann ich auch etwas tun?«, fragte Myrine.

»Ja, hol mir bitte Brennnesseln! Und bitte beeilt euch!«

Wie der Wind flitzen die drei Kätzchen los, um das Gewünschte zu besorgen.

In der Zwischenzeit leckte Panakea über Antonys Stirn. Vielleicht konnte sie dadurch die Blutung schon etwas stillen. Sie hatte kurz überlegt, ob sie bei ihm ihre Gabe der Gedankenübertragung anwenden sollte, um ihn zu wecken. Als sie aber sah, dass sein Bein völlig verdreht war, hatte sie sich dagegen entschieden. Das Bein war offen sichtlich gebrochen und wenn sie ihn

Σχεδόν ταυτόχρονα γύρισαν τα αδέρφια της. Η Πανάκεια έψαξε τα θεραπευτικά χόρτα και τα βότανα. Πρώτα–πρώτα πασπάλισε με σκόνη τριμένη ρίζας σύμφυτου την πληγή για να σταματήσει η αιμοραγία. Μετά έβαλε από πάνω ένα μικρό στρώμα δεντρολίβανο. Είναι αντιφλεγμονώδες και για αυτό πολύ σημαντικό. Μετά έτριψε με μια πέτρα τα φύλλα από τις τσουκνίδες και της έριξε λίγο αλάτι. Ο χυλός αυτός λειτούργησε ως έμπλαστρο και άλειψε προσεχτικά την πληγή στο κεφάλι του Antony. Από πάνω έβαλε τους ιστούς της αράχνης. Αυτοί θα επούλωναν την πληγή.

«Το αίμα σταματάει να τρέχει!», χάρηκε ο Θεόδωρος. «Πολύ καλές οι γνώσεις που έχεις για τα βότανα.»

Την ίδια στιγμή ακούστηκε ο συναγερμός του ασθενοφόρου. Το είχε καλέσει η Σωτηρία καθώς είχε δει όλα αυτά από το μπαλκόνι της. Όταν σταμάτησε το ασθενοφόρο ένας γιατρός έτρεξε προς τον Antony. Τα γατάκια παραμέρισαν για να κάνουν χώρο στο γιατρό. Με έκπληξη κοίταγε τον τραυματία.

«Εσείς τον περιποιηθήκατε;», είπε δυνατά απορώντας στη Σωτηρία. Εκείνη κούνησε αρνη

weckte, würde er bestimmt scheußliche Schmerzen haben. Also ließ sie es bleiben.

Fast gleichzeitig kehrten ihre Geschwister zurück. Panakrea betrachtete die Kräuter und Heilpflanzen. Als erstes streute sie das Pulver einer zermahlenen Beinwell-Wurzel auf die Wunde, da es eine blutstillende Wirkung hatte. Als nächstes folgte eine dünne Schicht Rosmarin. Dieser wirkte entzündungshemmend und war deswegen sehr wichtig. Danach zerstampfte sie mit einem Kieselstein die Blätter der Brennnesseln und mischte etwas Salz darunter. Der Brei diente als Wundauflage und sie strich ihn behutsam auf Antonys Kopfwunde. Zuletzt legte sie die Spinnweben darauf. Die würden die Wunde verschließen.

»Die Blutung hört auf!«, freute sich Theodoros. »Toll, was du alles weißt, was man mit Kräutern und Pflanzen machen kann.«

In diesem Moment ertönte die durchdringende Sirene eines Krankenwagens. Sotiria, die alles von ihrem Balkon aus beobachtet hatte, hatte den Notruf gewählt. Kaum hielt der Wagen, sprang auch schon ein Arzt heraus. Die Kätzchen traten etwas zurück, um dem Doktor Platz zu machen. Verwundert blickte dieser auf den Verletzten.

τικά το κεφάλι της και έδειξε την Πανάκεια. «Όχι *εγώ*, αλλά εκείνη η μικρή κόκκινη.»

Ο γιατρός κούναγε το κεφάλι του. Τον κορόιδευε η γριά; Μελέτησε προσεκτικά τον επίδεσμο και ξέμεινε. Κοίταγε με απορία τη γάτα. Το βλέμμα του γουρλώθηκε στα πράσινά της μάτια. «Είναι δυνατόν;», μουρμούρισε. «Μα ναι, φοράς το "Μ" στο μέτωπο. Το σύμβολο της θεάς Μέτιδας!», απάντησε στον εαυτό του. «Το όνομά μου είναι Μελάμβιος», συστήθηκε. «Είμαι *απόγονος* του ομώνυμου μεγάλου θεραπευτή και προφήτη. Εκείνος με τη σειρά του είναι απόγονος του Ασκληπιού, θεού της ιατρικής. Για αυτό και καταλαβαίνω τη γλώσσα των ζώων», της εξήγησε.

«Είναι τιμή μου που σε γνωρίζω. Το όνομά μου είναι Πανάκεια», συστήθηκε η γατούλα.

«Έκανες πολύ καλά!», είπε ο γιατρός επαινώντας τη μικρή. «Τώρα βέβαια πρέπει να φροντίσω εγώ τον τραυματία.»

«Τον λένε Antony», του εκμυστηρεύτηκε η Πανάκεια. Παρακολουθούσε προσεκτικά ότι έκανε εκείνος τώρα.

«Στηρίξτε το πόδι, αλλά με προσοχή. Θα βγάλω ακτινογραφία στο νοσοκομείο και μετά θα το ισιώσω», έδωσε οδηγίες στους νοσοκόμους.

»Haben Sie ihn verarztet?«, rief er fragend zu Sotiria hinüber.

Die winkte jedoch ab und deutete auf Panakea. »*Ich* war es nicht, sondern die kleine Rote dort!«

Der Arzt schüttelte den Kopf. Wollte die Alte ihn veralbern? Er betrachtete den Verband genauer und seine Augen weiteten sich vor Erstaunen. Dann sah er die Katze an. Sein Blick versenkte sich in ihre grünen Augen. »Kann es wirklich sein?«, murmelte er leise. »Doch ja, du trägst das ›M‹ auf der Stirn. Das Zeichen der Göttin Metis!«, beantwortete er sich gleich darauf selbst seine Frage. »Mein Name ist Melampous«, stellte er sich vor. »Ich bin ein Nachfahre des gleichnamigen großen Heilers und Sehers. Der wiederum stammte von Asklepios ab, des Gottes der Heilkunst. Daher kann ich auch die Sprache der Tiere verstehen«, erklärte er ihr.

»Es ist mir eine Ehre dich kennenzulernen. Mein Name ist Panakea«, stellte sich das Kätzchen vor.

»Du hast sehr umsichtig gehandelt!«, lobte der Arzt die Kleine. »Jetzt muss ich mich aber um den Verletzten kümmern.«

»Er heißt Antony«, verriet Panakea ihm. Aufmerksam verfolgte sie seine nächsten Handgriffe.

Ο ίδιος κοίταγε τα πολλά γδαρσίματα. Όμως δεν άγγιξε καθόλου την πληγή στο κεφάλι. Η αιμοραγία είχε ήδη σταματήσει και ήθελε να εξετάσει τον επίδεσμο στο νοσοκομείο. Επιτέλους ο τραυματίας ήταν έτοιμος για τη μεταφορά. Όταν οι νοσοκόμοι τον ξάπλωσαν στο φορείο, ο Μελάμβιος διστάζοντας λιγάκι είπε: «Δε μου λες, μικρή μου Πανάκεια, θες να έρθεις μαζί μου; Θα μπορούσα να σου μάθω πολλά πράγματα και σίγουρα να μάθω και εγώ πολλά από εσένα. Τι λες;».

Η γατούλα συμφώνησε με χαρά. Απευθυνόμενη στα αδέρφια της φώναξε: «Πείτε στη μαμά και στο μπαμπά τι έγινε και από δω και πέρα θα είμαι στο Μελάμβιο.» Κι έτσι πήδηξε στο μεγάλο αμάξι. Μόλις μπήκε, οι πόρτες κλείσανε και το όχημα ξεκίνησε.

«Ποιά βότανα χρησιμοποίησες για τον επίδεσμο;», ρώτησε ο Μελάμβιος τη μικρή γάτα. Η Πανάκεια του το φανέρωσε. «Ένα ασυνήθιστο μείγμα», διαπίσωσε ο γιατρός, «αλλά βοήθησε.»

Όλη την ώρα ο Antony βρισκόταν σε ελαφρύ κώμα. Αλλά όταν ισιώσανε το πόδι του και του βάλανε γύψο, ξύπνησε. griffe.

«Πού είμαι; Τι έγινε;», ρώτησε χαμένος.

»Schient schon mal sein Bein, aber geht behutsam vor. Ich werde es in der Klinik röntgen und richten«, wies er die Sanitäter an. Er selbst kümmerte sich um die zahlreichen Hautabschürfungen. Die Kopfwunde rührte er jedoch nicht an.

Die Blutung war gestillt und er wollte sich im Krankenhaus den Verband genauer ansehen. Endlich konnte der Verunglückte abtransportiert werden. Während die Sanitäter ihn auf eine Trage betteten und in den Krankenwagen schoben, zögerte Melampous kurz. »Sag, kleine Panakea, willst du mit mir kommen? Ich könnte dir Vieles beibringen und bestimmt auch eine Menge von dir lernen. Was meinst du?«

Das Kätzchen nickte erfreut. An ihre Geschwister gewandt rief sie: »Sagt Mama und Papa was geschehen ist und dass ich von heute an bei Melampous zu finden bin.« Damit sprang sie in den großen Wagen. Kaum dass sie drinnen war, schlossen sich die Türen und das Fahrzeug fuhr los.

»Was hast du für Kräuter für den Verband benutzt?«, erkundigte sich Melampous bei der kleinen Katze. Panakea sagte es ihm.

»Eine ungewöhnliche Mischung«, stellte der Arzt fest, »aber sie hat geholfen.«

«Στο νοσοκομείο είσαι», του εξήγησε ο γιατρός. «Έπεσες από τη σκάλα. Θυμάσαι πως έγινε;».

Ο Antony σκεφτόταν. Ξαφνικά το θυμήθηκε. Αμήχανος κοίταξε το γιατρό. «Δε θα με πιστέψει; Αλλά ... είδα κάτι που με φόβισε πολύ.»

«Μα τι;»

«Ξέρω ότι ακούγεται τρελό, αλλά ... είδα πριν πέσω ιπτάμενα γατάκια! Ξέρω ότι βλέπεις αστεράκια όταν χτυπάς το κεφάλι σου, αλλά *ιπτάμενα γατάκια*;».

Ο Μελάμβιος κατάλαβε και χαμογέλασε. «Καλά!, καλά!», ησύχασε τον ασθενή του. «Καμμιά φορά συμβαίνουν πράγματα που δεν εξηγούνται εύκολα. Θα σου δώσω ένα παυσίπονο και προσπάθησε να κοιμηθείς.»

Όταν η Νεφέλη κι ο Σόφος γύρισαν από την εκδρομή τους, όλα τα γατάκια κάθονταν φρόνιμα στο σπίτι. Σχεδόν όλα. «Πού είναι η Πανάκεια;», ρώτησε αμέσως η Νεφέλη. Στην αρχή διστακτικά αλλά στη συνέχεια όλο και πιο ελεύθερα διηγήθηκαν τα αδέρφια τι συνέβη. Η Νεφέλη και ο Σόφος έπεσαν από τα σύννεφα. «Μα δεν μπορούμε να σας αφήσουμε μόνο για λίγες ώρες, χωρίς να συμβεί κάτι;», μάλωσε ο γάτος.

Während der gesamten Untersuchung lag Antony in tiefer Bewusstlosigkeit. Doch nachdem sein Bein gerichtet und eingegipst war und auch seine anderen Wunden versorgt worden waren, erwachte er.

»Wo bin ich? Was ist geschehen?«, fragte er verwirrt.

»Du bist im Krankenhaus«, erklärte der Arzt ihm. »Du bist von der Leiter gefallen. Kannst du dich erinnern, wie es dazu kam?«

Antony überlegte. Dann fiel es ihm plötzlich ein. Unsicher schaute er den Doktor an. »Das werden Sie mir nicht glauben, aber … ich habe etwas gesehen, worüber ich sehr erschrocken bin.«

»Was denn?«

»Ich weiß, es klingt verrückt, aber … ich habe *fliegende* Katzen gesehen! Dass man Sterne sieht, wenn man sich den Kopf stößt, weiß ich ja, aber *fliegende Katzen?*«

Melampous schmunzelte. »Ist schon gut«, beruhigte er seinen Patienten. »Manchmal geschehen Dinge, die sich nicht so einfach erklären lassen. Ich gebe dir jetzt etwas gegen deine Schmerzen und dann versuche etwas zu schlafen.«

«Ο κακομοίρης ο Antony! Μα δεν ντρέπεστε;», αγρίεψε η μαμά γάτα.

Ήξεραν πως έφταιγαν τα γατάκια και χωρίς να κουνιούνται άντεχαν στο μάλωμα. Ντράπηκαν πάρα πολύ και υποσχέθηκαν ότι μελλοντικά θα είναι πάντα φρόνιμα.

Παρόλα αυτά τιμωρήθηκαν και για τρεις εβδομάδες έπτρεπε να κάνουν δουλειές που σιχαινόντουσαν. Έτσι η Μυρίνη έπρεπε να βοηθήσει όλους τους χωριανούς στην παραγωγή του κρασιού. Έπρεπε να πατήσει τα σταφύλια που ήταν μέσα σε ένα μεγάλο βαρέλι μέχρις ότου να μη βγάζουν άλλο ζουμί. Μέσα από ένα μικρό σωληνάκι έτρεχε ο μούστος σε ένα μεταλλικό δοχείο. Αυτό για τη Μυρίνη ήταν μεγάλη τιμωρία γιατί σιχαινόταν ότι ήταν λασπώδες και γλίστραγε.

Ο Καικίας, που δε μισούσε τίποτα άλλο όσο τις δουλειές του σπιτιού, έπρεπε να καθαρίσει τα δωμάτια της Σωτηρίας και του Θανάση μέχρι να γυαλίζουν. Φυσικά χωρίς κανένα βοηθητικό μέσο όπως νερό, πανιά και σαπούνι! Τη μισή νύχτα την πέρασε ο γατούλης μαζεύοντας χνούδια και ιστούς από το πυκνό γκρί τρίχωμά του.

Als Nefeli und Sophos von ihrem Ausflug zurückkehrten, saßen alle Kätzchen brav zu Hause. Fast alle.

»Wo ist Panakea?«, fragte Nefeli sofort.

Erst stockend, dann aber immer flüssiger erzählten die Geschwister was geschehen war.

Nefeli und Sophos fielen aus allen Wolken. »Kann man euch denn nicht einmal für ein paar Stunden alleine lassen, ohne dass gleich etwas passiert?!«, schimpfte der Kater.

»Der arme Antony! Schämt ihr euch gar nicht?«, fauchte die Katzenmama.

Schuldbewusst und kleinlaut ließen die drei Katzen die Standpauke über sich ergehen. Sie schämten sich furchtbar und versprachen hoch und heilig, dass sie in Zukunft ganz brav sein würden.

Trotzdem bekamen sie natürlich ihre Strafe. Sie alle mussten für drei Wochen Aufgaben erledigen, die sie abgrundtief verabscheuten. So musste Myrine allen Dorfbewohnern bei der Herstellung deren Weines helfen. Dafür wurden Weintrauben in einen Holzbottich geschüttet und die kleine Katze musste so lange auf den Trauben herumtrampeln, bis alle Flüssigkeit aus ihnen herausgepresst war.

Κι ο Θεόδωρος; Αυτουνού του δέσανε ένα πινέλο στην ουρά του κι έπρεπε να τελειώσει τα βαψίματα του Antony. Έκανε πολύ καιρό να βγάλει τις άσπρες βουλίτσες από το τρίχωμά του.

Η Πανάκεια ήταν τυχερή. Γλύτωσε την τιμωρία από τους γονείς. Παράλληλα έζησε μέρες γεμάτες με εργασία και μαθήματα. Αποδείχτηκε ότι ο Μελάμβιος και εκείνη συναντήθηκαν μόνο από καθαρή σύμπτωση. Εκείνος κανονικά δούλευε στο δικό του μικρό ιατρείο στην Άκολη. Απλώς είχε πάει να δει ένα φίλο του στο νοσοκομείο κι άκουσε την κλήση για ασθενοφόρο. Επειδή όλοι οι γιατροί ήταν αποσχολημένοι προθυμοποιήθηκε να συνοδεύσει αυτός το ασθενοφόρο. «Φαίνεται πως είχε βάλει το χέρι της η τύχη, η θεά της Μοίρας», έλεγε πάντα ο γιατρός μετέπειτα. Το γατάκι κι ο γιατρός πιάσανε βαθιά φιλία. Ο Μελάμβιος είχε καλές ιατρικές γνώσεις τις οποίες μετέδωσε μετά χαράς στη μικρή γάτα. Όμως κι ο ίδιος έμαθε πολλά από την Πανάκεια. Παρόλο που ήταν μικρή, είχε φοβερές γνώσεις για τα φυτά και τα βότανα. Το γατάκι, παρότι κάποιες θεραπείες δεν μπορούσε να τις κάνει επειδή γινόντουσαν μόνο με ανθρώπινα χέρια, ανέπτυξε μια ιδιαίτερη ικανότητα: Μόλις ένας ασθενής έμπαινε

Durch ein kleines Abflussröhrchen lief der Saft der Früchte in einen Metallbehälter. Für Myrine Durch ein kleines Abflussröhrchen lief der Saft der Früchte in einen Metallbehälter. Für Myrine war es eine grausame Strafe, da sie sich vor allem ekelte was matschig und glitschig war.

Kaikias, der nichts so sehr hasste wie Hausarbeit, musste in den Häusern von Sotiria und Thanasis die Zimmer putzen, bis alles funkelte und blitze. Natürlich ohne jegliche Hilfsmittel wie Wasser, Lappen und Seife! Die halbe Nacht verbrachte das Katerchen damit, sämtliche Flusen und Spinnweben aus seinem wuscheligen grauen Fell zu zupfen.

Und Theodoros? Der bekam einen Pinsel an seinen Schwanz gebunden und musste das Haus von Antony zu Ende streichen. Es dauerte lange, sehr lange, bis er die weißen Farbtupfer aus seinem schwarzen Fell wieder entfernt hatte.

Panakea hatte Glück. Sie entging der elterlichen Strafe. Dafür erlebte sie arbeits- und lehrreiche Tage. Es stellte sich heraus, dass es purer Zufall gewesen war, dass sie und Melampous sich begegneten. Eigentlich arbeitete er in seiner eigenen, kleinen Praxis in Arkoli. Er hatte nur einen Freund

στο ιατρείο, τον κοίταγε βαθιά στα μάτια και την ίδια στιγμή ηξερε τι τον βασάνιζε! Αυτό το ταλέντο ήταν μεγάλη βοήθεια για το γιατρό. Οι ασθενείς γρήγορα συνήθισαν τη μικρή βοηθό με τα βελούδινα ποδαράκια και η Πανάκεια χαιρόταν ιδιαίτερα όταν απευθύνονταν και σε κείνη για βοήθεια με το πέρασμα του χρόνου. Συνάμα ένας ήταν και παρέμεινε ο αγαπημένος της ασθενής: Ο δήμαρχος! Αυτόν τον ήξερε από μικρή και, παρόλο που είχε τόσες δουλειές, ταχικτά επισκεπτόταν την ίδια και την οικογένειά της στη Χατζή.

Μια μέρα μπήκε αγανακτισμένος στο ιατρείο ο Καικίας. Ο Μελάμβιος εκείνη την ώρα επισκεπτόταν κάποιους ασθενείς, που λόγω της ηλικίας και των προβλημάτων τους δεν μπορούσαν πια να έρθουν οι ίδιοι.

«Πανάκεια, πρέπει να έρθεις αμέσως μαζί μου! Ο Θανάσης έχει φοβερούς πόνους στο πόδι του. Δεν μπορεί να το πατήσει!».

«Τον δάγκωσε ή τον τσίμπησε κάτι ή το στραμπούλιξε; Πρέπει να το ξέρω για να πάρω το σωστό φάρμακο.»

im Krankenhaus besucht und bekam den Notruf mit. Da alle Ärzte beschäftigt waren, bot er an, den Krankenwagen zu begleiten. »Da hatte wohl Tyche, die Schicksalsgöttin, ihre Finger im Spiel«, pflegte der Arzt später häufig zu sagen.

Zwischen dem Kätzchen und dem Doktor entspann sich eine innige Freundschaft. Melam-pous verfügte über großes medizinisches Wissen, welches er voller Freude an die kleine Katze weitergab. Aber er lernte auch vieles von Panakea. So jung wie sie war, hatte sie enorme Kenntnisse was Pflanzen und Kräuter anging. Obwohl das Kätzchen einige Behandlungen nicht durchführen konnte, weil dies nur mit menschlichen Händen ging, entwickelte sie eine besondere Fähigkeit: Kaum, dass ein Patient das Untersuchungszimmer betrat, schaute sie ihm in die Augen. Im gleichen Moment wusste sie bereits, was dem Kranken fehlte! Mit dieser Begabung war sie dem Arzt eine große Hilfe.

Die Patienten gewöhnten sich rasch an die kleine, samtpfötige Helferin und Panakea freute sich immer ganz besonders, wenn die Hilfesuchenden sich im Laufe der Zeit auch an sie wandten. In den folgenden Tagen und Wochen lernte sie viele

«Δεν το ξέρω», απάντησε ο αδερφός της. Γρήγορα η Πανάκεια μάζεψε μια μικρή τσάντα και έσπευσε πετώντας με τον Καικία στη Χατζή.

Ο Θανάσης ήταν ξαπλωμένος στο κρεβάτι του. Η μικρή θεραπεύτρια κατάλαβε ότι είχε φοβερούς πόνους. Παρόλα αυτά χαμογέλασε όταν μπήκε το γατάκι.

«Το ότι τα ζώα πηγαίνουν σε άνθρωπο γιατρό δεν είναι παράξενο», γέλασε. «Όμως το ότι έρχεται μια γάτα να βοηθήσει έναν άνθρωπο είναι πολύ ασυνήθιστο!». Την ώρα που μίλασε η Πανάκεια τον κοίταξε στα μάτια και γρήγορα ήξερε τι τον βασάνιζε! Το πρόβλημα ήταν ότι δεν μπορούσε να του το πει. Της ήρθε μια ιδέα.

Πήδηξε στο κρεβάτι του, ξάπλωσε ανάσκελα και μετά γύρισε μπρούμητα. Μετά καθόταν και κοίταζε το Θανάση με ύφος. «Θες να γυρίσω ανάποδα;», ρώτησε.

«Νιάου», επιβεβαίωσε το γατάκι. «Εντάξει!».

Την ώρα που ο άνδρας γύρναγε η Πανάκεια κοίταξε γύρω της. Ευτυχώς που δίπλα στο κρεβάτι ήταν μια ψηλή ντουλάπα. Με μιας πήδηξε επάνω. Τέντωσε τους μυς της και κοίταξε κάτω. Τη στιγμή που έπεσε με όλο της το βάρος πάνω στην πλάτη του Θανάση ακούστηκε ένα δυνατό κράκ

Menschen kennen. Doch einer war und blieb ihr der liebste Patient: Der Bürgermeister! Ihn kannte sie von klein an und trotz seiner vielen Arbeit hatte er sie und ihre Familie regelmäßig in Hatzi besucht.

Eines Tages stürzte Kaikias aufgeregt in die Praxis. Melampous besuchte gerade einige Patienten, die auf Grund ihres Alters und ihrer Gebrechen nicht mehr in der Lage waren zu ihm zu kommen.

»Panakea, du musst sofort mitkommen! Thanasis hat scheußliche Schmerzen in seinem Fuß. Er kann nicht mehr auftreten!«

»Ist er von etwas gebissen oder gestochen worden oder ist er umgeknickt? Ich muss es wissen, damit ich die richtige Medizin mitnehme.«

»Ich weiß es nicht«, gestand ihr Bruder.

Geschwind packte Panakea eine kleine Tasche und flog eilends mit Kaikias nach Hatzi.

Thanasis lag auf seinem Bett. Die kleine Heilerin sah, dass er große Schmerzen hatte. Trotzdem lächelte er das Kätzchen freundlich an. »Dass *Tiere* zu einem Menschen-Doktor gehen oder gebracht werden, ist ja nichts Außergewöhnliches«,

Όπως επίσης κι ένας δυνατός αναστεναγμός. «Τι κάνεις εκεί τρελή γάτα;», μουρμούρισε.

«Μιρρρ!», νιαούρισε η Πανάκεια θυμωμένη. Αυτό σήμαινε: «Μη μιλάς και μείνε ξάπλα. Ξέρω τι κάνω!». Πέντε φορές επανέλαβε την ίδια κίνηση. Κάθε φορά έπεφτε λίγο πιο ψηλά και με κάθε πήδημα έκανε κράκ και κρουκ κάτω από τα πόδια της. Στο τέλος περπάταγε μερικές φορές στην πλάτη πάνω κάτω.

«Χμμμ!, αυτό κάνει καλό!», αναστέναζε ο Θανάσης ευχαριστήμενος. «Δεν μπορούσες να το κάνεις αυτό από την αρχή έτσι;».

«Γιατί πήδηξες πάνω του;», ρώτησε ο Καικίας μπερδεμένος, όταν η αδερφή του κατέβηκε από το κρεβάτι. Είχε παρακολουθήσει τι έκανε η αδερφή του με γουρλωμένα μάτια. «Αφού τον πονάει το πόδι του κι όχι η πλάτη του!;».

«Πριν λίγες μέρες είδα μια παρόμοια θεραπεία στο Μελάμβιο», εξήγησε υπομονετικά η Πανάκεια. «Πρέπει να ξέρεις ότι στους ανθρώπους πολλές φορές μετατοπίζονται οι σπόνδυλοι. Κάποιες φορές πονάμε ακριβώς σε αυτό το σημείο που συμβαίνει, κάποιες άλλες φορές όμως οι σπόνδυλοι πιέζουν τα νεύρα κι αυτά μεταφέρουν τον

schmunzelte er, »aber dass eine Katze zu einem Menschen kommt, um ihm zu helfen, ist doch schon ziemlich ausgefallen!« Während er sprach, schaute Panakea ihm in die Augen und schnell wusste sie, was ihm fehlte. Das Problem war nur, dass sie sich ihm nicht mitteilen konnte. Da kam ihr eine Idee. Mit einem Satz sprang sie auf seine Bettdecke, legte sich erst auf den Rücken und rollte dann auf den Bauch. Danach setzte sie sich auf und blickte Thanasis auffordern an.

»Willst du, dass ich mich umdrehe?«, fragte er.

»Miau!«, bestätigte das Kätzchen.

»Also schön!« Während der Mann sich auf den Bauch drehte, schaute Panakea sich um. Zum Glück stand direkt neben dem Bett ein hoher Schrank. Mit einem Satz hüpfte sie hinauf. Dann spannte sie ihre Muskeln an und sprang wieder hinab. In dem Moment wo sie mit ihrem ganzen Gewicht auf Thanasis´ Rücken auftraf, erktönte ein lautes Knacken und der Patient stöhnte auf. »Was machst du da, du verrückte Katze?«, grummelte er.

»Mirrr!«, maunzte Panakea ungehalten. Was so viel heißen sollte wie: »Sei still und bleib liegen. Ich weiß schon was ich tue!«

πόνο σε εντελώς διαφορετικό σημείο. Κι έτσι έγινε και στο Θανάση.»

«Απίστευτο, πόσα ξέρεις!», τη θαύμασε ο Καικίας.

Στο μεταξύ ο Θανάσης είχε κατέβει από το κρεβάτι του. Προσεκτικά έκανε λίγα βήματα. Ξαφνικά έλαμψε το πρόσωπό του. «Εξαφανίστηκαν οι πόνοι! Τίποτα δε με πονάει πια!», χάρηκε. «Είσαι η πιο απίστευτη γάτα που έχω ποτέ συναντήσει. Ευχαριστώ πολύ για αυτή την εξαιρετική θεραπεία!».

Γρουγρούριζε ευχαριστημένη η Πανάκεια και τριβόταν στα πόδια του. Αφού ήπιε το γάλα που της έβαλε η γυναίκα του Θανάση για να την ευχαριστήσει βγήκε από την πόρτα με όρθια την ουρά. Μιας και είχε έρθει, ήθελε να δει και τους γονείς της. Από τότε που έμενε στο Μελάμβιο, δεν τους έβλεπε συχνά. Πέρασαν γρήγορα οι ώρες και όταν νύχτωσε η Πανάκεια αποχαιρέτησε. Χάρηκε που οι γονείς της της είπαν πόσο την καμαρώνανε!

Ο χρόνος πέρασε πολύ γρήγορα. Το γατάκι πέρναγε μια χαρά στην Άκολη. Κάθε μέρα πέρναγε από όμορφους κήπους γεμάτους λουλού-

Fünf Mal wiederholte sie diese Aktion. Jedes Mal landete sie zielsicher ein Stückchen höher und bei jedem Sprung knackte und stöhnte es unter ihren Pfoten. Zum Abschluss stapfte sie noch einige Male auf dem Rücken rauf und runter.

»Hm, *das* tut gut!«, seufzte Thanasis wohlig. »Hättest du das nicht von Anfang an so machen können?«

»Warum bist du auf ihn drauf gesprungen?«, fragte Kaikias verwirrt, als seine Schwester vom Bett hüpfte. Er hatte ihr Tun mit großen Augen verfolgt. »Er hat doch Schmerzen in seinem Fuß und nicht im Rücken!?«

»Vor ein paar Tagen habe ich Melampous bei einer ähnlichen Behandlung zugeschaut«, erklärte Panakea geduldig. »Du musst wissen, dass sich bei Menschen des Öfteren die Wirbel im Rückgrat verschieben. Manchmal haben sie genau an der Stelle Schmerzen, wo das passiert, manchmal ist es aber auch so, dass die verrutschten Wirbel auf Nerven drücken, die den Schmerz weiterleiten und dieser an ganz anderer Stelle auftritt. So war es bei Thanasis.«

»Unglaublich, was du alles weißt!«, staunte Kaikias bewundernd.

Unterdessen war Thanasis aus seinem Bett gekrabbelt. Vorsichtig ging er ein paar Schritte.

δια που μοσχοβολούσανε και στα παλιά δέντρα μπορούσε εύκολα να ακονίζει τα νύχια της. Γιατί ο Μελάμβιος είχε θυμώσει πολύ όταν η Πανάκεια το έκανε στην αγαπημένη του πολυθρόνα. Από τότε δεν το ξαναέκανε. Καμμιά φορά πήγαινε και στη θάλασσα. Συναντούσε εκεί κι άλλες γάτες και κουβεντιάζανε με τις ώρες. Αυτές τη μάθανε πως μπορούσε κανείς να πιάσει ψάρια από την αποβάθρα, χωρίς να βρέξει τα πόδια του. Ιδιαίτερα όμως χαιρόταν όταν ήταν κι αυτός εκεί. Αυτός ήταν ένας πανέμορφος μπεζ γάτος με το όνομα Μακάριος. Το όνομά του σήμαινε ευλογημένος και πραγματικά ήταν εξαιρετικός. Έξυπνος και συνετός, έμπειρος και ταπεινός, προσεκτικός αλλά και παιχνιδιάρης. Άλλα και τα μάτια του. Μπλε σαν τη θάλασσα στο σούροπο! Μεγάλη σοφία λαμπίριζε από αυτά. Και η μικρή γάτα ευχόταν να κάνει μια μεγάλη βόλτα μαζί του στην επόμενη πενσέληνο.

Όμως και στο Μελάμβιο κάτι άλλαξε. Ο όμορφος νέος με τα σκούρα πυκνά μαλλιά, το όμορφο κυματώδες στόμα και τα κάτασπρα δόντια του τις τελευταίες μέρες ήταν λίγο χαμένος. Ξανά και ξανά η Πανάκεια παρατήρησε ότι χαμογέλαγε με τον εαυτό του και έδινε άσχετες απαντήσεις.

Plötzlich strahlte er über das ganze Gesicht. »Die Schmerzen sind fort! Mir tut nichts mehr weh!«, freute er sich. »Du bist die unglaublichste Katze, die ich je getroffen habe. Vielen Dank für diese außergewöhnliche Behandlung!«

Zufrieden schnurrend strich Panakea um seine Beine. Nachdem sie das Schälchen Milch aufgeschlabbert hatte, welches Thanasis´ Frau ihr zur Belohnung hingestellt hatte, spazierte sie mit hoch aufgerichtetem Schwanz zur Tür hinaus.

Da sie schon mal hier war, wollte sie noch bei ihren Eltern herein schauen. Seitdem sie bei Melampous wohnte, hatte sie sie nicht sehr oft gesehen. Die Stunden vergingen schnell und bei Einbruch der Dunkelheit verabschiedete sich Panakea. Es freute sie, dass ihre Eltern ihr gesagt hatten, wie ungeheuer stolz sie auf sie waren!

Die Zeit verging wie im Flug. Das Kätzchen fühlte sich sehr wohl in Arkoli. Täglich strolchte es durch die herrlichen Gärten voller duftender Blumen, und an den alten Bäumen konnte es wunderbar seine Krallen schärfen. Nachdem Panakea das nämlich an Melampous´ Lieblingssessel getan hatte, war der sehr böse geworden. Seitdem unterließ sie es. Manchmal ging sie auch ans Wasser.

Κάπως σαν να μην άκουγε καν την ερώτηση. Μόλις τώρα παρατήρησε πως πήρε δυο διαφορετικά βότανα για να τα ανακατέψει. Τρομαγμένη σηκώθηκε η γατούλα και με ένα μεγάλο πήδημα έφτασε στο Μελάμβιο και του έχωσε τα νύχτια της στο χέρι του.

«Αααα!», κραύγασε ο γιατρός και άφησε τα βότανα να πέσουν κάτω. «Τι κάνεις εκεί; Πονάει!», κοίταξε με απορία τη γάτα και μετά το χέρι του που μάτωσε.

«Τις τελευταίες μέρες πολλές φορές σου έχω πει πως δεν πρέπει ποτέ μα ποτέ να ανακατέψεις αυτά τα δυο βότανα! Το καθένα μόνο του είναι θεραπευτικό, μαζί όμως είιναι θανατηφόρα!». Ντροπιασμένος ο γιατρός κοίταξε τη μικρή θεραπεύτρια.

«Λυπάμαι πάρα πολύ», είπε ζητώντας συγγνώμη.

«Αυτά πες τα στην οικογένεια του ασθενή που θα του είχες δώσει αυτό το μείγμα», μίλησε θυμωμένα η Πανάκεια. «Τι έπαθες; Που έχει το μυαλό σου τις τελευταίες μέρες; Μήπως φταίει η νεαρή που έρχεται συχνά χωρίς να είναι άρρωστη; Πως τη λένε πάλι ... ;». Ο Μελάμβιος ψιλοκοκκίνισε.

Dort traf sie andere Katzen mit denen sie stundenlang plauderte. Sie brachten ihr bei, wie man ganz bequem, ohne nasse Pfoten zu bekommen, von der Kaimauer aus Fische fangen konnte. Besonders freute sie sich aber, wenn *er* auch da war. *Er* war ein bild-schöner, cremefarbener Kater namens Makarios. Sein Name bedeutete *gesegnet* und er war wirklich außergewöhnlich. Klug und bedacht, erfahren und zurückhaltend, umsichtig aber auch verspielt. Und dann waren da seine Augen. Blau wie das Meer in der Abenddämmerung! Eine große Weisheit leuchtete aus ihnen und die kleine Katze konnte sich sehr gut vorstellen, in der nächsten Vollmondnacht einen ausgiebigen Strandspaziergang mit ihm zu unternehmen.

Doch auch bei Melampous veränderte sich etwas. Der gutaussehende junge Mann, mit seinem dunklen, vollen Haar, dem schön geschwungenen Mund und den schneeweißen Zähnen war in den letzten Tagen ziemlich unaufmerksam. Immer wieder bemerkte Panakea, dass er mit einem entrückten Lächeln vor sich hin starrte und dumme Antworten gab. So, als habe er überhaupt nicht zugehört. Gerade beobachtete sie, wie er nach zwei unterschiedlichen Kräutern griff, um diese zusammen zu mixen. Erschreckt sprang das Kätz-

«Δίκιο έχεις», αποκαλύφτηκε. «Ερωτεύτηκα. Ναι, την Ελένη. Αλλά σου υπόσχομαι από εδώ και πέρα θα προσέχω πολύ καλά τι θα μου λες. Τέτοιο λάθος όπως πριν δεν πρέπει να ξανασυμβεί!».

Ησύχασε η Πανάκεια και χαμογέλασε. Αυτή την όμορφη νεαρή την είχε συμπαθήσει με την πρώτη. Με τα όμορφα ξανθά μαλλιά της και τη μικρή μυτούλα της ήταν πολύ ελκυστική. Όπως έμαθε η Πανάκεια η λατρευτή του γιατρού ζούσε στον Αη Γιώργη και φαινόταν πως της άρεσε ο Μελάμβιος. Γρουγουρίζοντας η μικρή γάτα έγλυφε το χέρι του γιατρού και του έβαλε επίδεσμο. Κάπως είχε καταλάβει τα συναισθήματά του. Τα ίδια δεν πέρασε και με τον Μακάριο;

chen auf und hechtete mit einem gewaltigen Sprung quer durch den Raum. Mit einem furchterregenden Fauchen schlug sie ihre Krallen in Melampous´ Hand.

»Aua!« Der Arzt schrie auf und ließ vor Schreck die Kräuter fallen. »Was soll denn das? Das tut doch weh!« Fassungslos starrte er erst die Katze und dann seine blutende Hand an.

»Daran bist du selber Schuld«, schnauzte die kleine Katze ihn an. »In den vergangenen Tagen habe ich dir mehrmals gesagt, dass du *nie*, aber auch *niemals*, diese beiden Heilpflanzen miteinander mischen darfst! Für sich allein sind sie überaus heilsam, zusammen jedoch tödlich!«

Betreten schaute der Arzt die kleine Heilerin an. »Es tut mir aufrichtig leid!«, entschuldigte er sich zerknirscht.

»Sag das der Familie des Patienten, dem du diese Mischung verabreicht hättest!« Panakea war immer noch wütend. »Was ist los mit dir? In den letzten Tagen bist du unglaublich zerstreut. Liegt es an der jungen Frau, die dich ständig aufsucht, ohne krank zu sein? Wie heißt sie doch gleich … Eleni?«

Melampous´ Gesicht überzog sich mit einer leichten Röte. »Du hast recht«, gestand er verle-

gen. »Ich habe mich verliebt. Und ja, es ist Eleni. Aber ich verspreche dir, dass ich dir von nun an immer ganz aufmerksam zuhören werde. So ein Fehler wie eben darf mir niemals wieder passieren!«

Panakea war beruhigt und grinste stillvergnügt vor sich hin. Sie hatte die hübsche junge Frau auf Anhieb gemocht. Mit ihrem schönen blonden Haar und der niedlichen Stubsnase sah sie einfach reizend aus. Wie Panakea erfuhr, lebte die Angebetete des Arztes in Agios Georgios und schien Melampous aufrichtig zu mögen. Schnurrend leckte die kleine Katze die Hand des Arztes und legte ihm einen schmerzlindernden Kräuterverband an. Irgendwie konnte sie ihn und seine Gefühle ja verstehen. Ging es ihr nicht genauso mit Makarios?

Ανήσυχη η Νεφέλη πήγαινε πέρα δώθε στο σπίτι της. «Πριν από μια ώρα έπεσε ο ήλιος και ο Καικίας δε γύρισε ακόμα στο σπίτι», μουρμούριζε. «Πόσες φορές του έχω πει να γυρίζει σπίτι πριν κρυφτεί ο ήλιος!».

«Ανησυχείς πολύ», προσπάθησε ο Σόφος να ηρεμήσει τη γάτα. «Είναι αρκετά μεγάλος και προσεχτικός. Σίγουρα δε θα έχει πάθει τίποτα.» Μόλις που τα είπε αυτά ο πατέρας γάτος, μπήκε ο μικρός γάτος.

«Καικία!», αγρίεψε η Νεφέλη. «Από που έρχεσαι τέτοια ώρα;».

«Μη με μαλώνεις μανούλα!», παρακάλεσε λαχανιασμένος.

«Μη μου πεις πως ήσουν πάλι όλη τη μέρα στο μουσείο του Αιγίου …».

«... Κι όμως, μανούλα, και συνέβη κάτι πολύ κακό!», διέκοψε ο Καικίας τη μητέρα του.

«Τι συνέβη;», ανησύχησε ο Σόφος. «Είσαι πολύ αγανακτισμένος.»

Ο γατούλης πήρε μια ανάσα κι άρχισε να διηγείται: «Όταν σήμερα το μεσημέρι έφτασα στο μουσείο, οι πόρτες ήταν κλειστές. Ούτε ο φίλος

Unruhig lief Nefeli in ihrem Haus auf und ab. »Vor einer Stunde ist die Sonne untergegangen und Kaikias ist immer noch nicht Daheim!«, grummelte sie. »Wie oft habe ich ihm schon gesagt, dass er vor Sonnenuntergang zu Hause sein soll!«

»Du machst dir zu viele Sorgen«, versuchte Sophos die Katze zu beruhigen. »Er ist alt genug und umsichtig. Ihm ist bestimmt nichts geschehen.« Kaum hatte der Katzenvater dies gesagt, schlüpfte der kleine Kater zur Tür herein.

»Kaikias!«, fauchte Nefeli. »Wo kommst du jetzt erst her?«

»Bitte nicht schimpfen, Mama!«, bat der Gescholtene noch ganz außer Atem.

»Sag nicht, dass du dich wieder den ganzen Tag im Museum von Aigio herumgetrieben hast …«

»... doch, Mama, und es ist etwas Schreckliches geschehen!«, unterbrach Kaikias seine Mutter.

»Was ist denn passiert?«, fragte Sophos beunruhigt. »Du bist ja ganz durcheinander.«

Das Katerchen holte tief Luft und begann aufgeregt zu erzählen: »Als ich heute Mittag zum Museum kam, waren die Türen verschlossen.

μου ο Σπύρος, ο γάτος που μένει στο φυλάκιο του μουσείου, δεν ήξερε τι συνέβη. Ευτυχώς είχε μια μυστική τρύπα από την οποία μπορούσαμε να μπούμε στο κτίριο. Και εκεί το είδαμε: Ο άνθρωπος του Σπύρου ήταν δεμένος στο πάτωμα σε μια γωνία. Και του είχαν βάλει ένα τσουβάλι στο κεφάλι. Όταν τον απελευθέρωσα, ο φίλος μου χτύπησε το συναγερμό. Περάσαμε από όλες τις αίθουσες για να δούμε αν έκλεψαν κάτι. Στην αρχή φαινόταν σαν να μη λείπει τίποτα από τα πολύτιμα αντικείμενα. Αλλά ξαφνικά ανακαλύψαμε μια άδεια βιτρίνα. Το παράξενο ήταν ότι πουθενά δεν υπήρχαν σπασμένα γυαλιά, όμως το κόσμημα που ήταν στη βιτρίνα είχε εξαφανιστεί.»

«Και για ποιό πολύτιμο αντικείμενο πρόκειται;», ρώτησε η Μυρίνη με αγωνία, καθώς είχε ακούσει τι είχε πει ο αδερφός της.

«Είναι το κολιέ της Αρμονίας!».

Ο Σόφος βόγγηξε. «Από όλους τους θεούς! Τι ατυχία!».

«Τι συμβαίνει με αυτό το κολιέ;», ρώτησε η Νεφέλη.

«Πριν από πολλά χρόνια το έφτιαξε ο Ήφαιστος, ο σιδεράς των θεών. Το είχε παραγγείλει ο Κάδμος, ο βασιλιάς της Θήβας, για να το κάνει δώρο στη γυναίκα του την Αρμονία στο γάμο.

Auch mein Freund Spiros, der Kater, der bei dem netten Museumsaufseher lebt, wusste nicht was los war. Zum Glück hat er ein geheimes Schlupfloch, durch das wir in das Gebäude gelangten. Und dann sahen wir es: Spiros´ Mensch lag gefesselt in einer Ecke auf dem Fußboden. Außerdem hatte man ihm einen Sack über den Kopf gestülpt. Als ich ihm diesen herunter zog, sah ich, dass man ihm auch einen Lappen in den Mund gestopft hatte, damit niemand seine Hilferufe hören konnte. Während ich ihn befreite, drückte mein Freund den Alarmknopf. Dann streiften wir durch die Hallen, um festzustellen, ob etwas gestohlen worden war. Zuerst schien es so, als ob nichts von den wertvollen Gegenständen fehlte, aber dann entdeckten wir die leere Vitrine. Seltsam war nur, dass nirgends Glassplitter herumlagen; aber das Schmuckstück, das darin gelegen hatte, war fort.«

»Um was für eine Kostbarkeit handelt es sich denn dabei?«, fragte Myrine, die gebannt der Erzählung ihres Bruders gelauscht hatte.

»Um das Halsband der Harmonia!«

Sophos stöhnte auf. »Bei allen Göttern! Welch ein Unglück!«

»Was hat es mit diesem Halsband für eine Bewandtnis?«, wollte Nefeli wissen.

Όμως αυτό το κόσμημα για πολλούς αιώνες έφερνε σε όλους τους ιδιοκτήτες του μόνο ατυχία!». Με ανοιχτά τα στοματάκια άκουγαν όλοι την ιστορία του Σόφου.

«Πρέπει να το ξαναβρούμε όσο γίνεται πιο γρήγορα!», φώναξε ο Καικίας.

Θυμούμενη τα λόγια της Ήρας πως ο μικρός της έχει την ικανότητα να ξαναβρίσκει τα χαμένα, η Νεφέλη κοίταξε το γιο της με βλέμμα σοβαρό.

«Ξεκίνα να ψάχνεις και βιάσου. Αν υπάρχει κάποιος που μπορεί να βρει το κολιέ και τον κλέφτη, τότε είσαι εσύ!».

Ο Καικίας πέταξε, όσο πιο γρήγορα μπορούσε, πάλι στο Αίγιο. Μόλις προσγειώθηκε μπροστά από το μουσείο φώναξε με σιγανή φωνή: «Σπύρο! Σπύρο, είσαι εδώ;».

«Εδώ είμαι!», νιαούρισε ο μικρός γάτος και βγήκε κάτω από μια πικροδάφνη.

«Συνέβη κάτι την ώρα που έλειπα;».

«Όχι, όχι βέβαια», απάντησε ο Σπύρος. «Ο άνθρωπός μου δεν είχε δει τον κλέφτη, για αυτό δεν μπορούσε να τον περιγράψει. Κι έτσι η αστυνομία έφυγε πάλι μετά από λίγο.»

«Βρήκαν τίποτα οι αστυνόμοι;».

«Όχι τίποτα!».

»Es wurde vor langer Zeit von Hephaistos, dem Schmied der Götter, angefertigt. König Kadmos von Theben hatte es in Auftrag gegeben, um es seiner Frau Harmonia zur Hochzeit zu schenken. Doch dieses Geschmeide brachte viele Jahrhunderte lang all seinen Besitzern nur Unheil!«

Mit offenen Mäulchen hatten alle der Geschichte Sophos´ zugehört.

»Wir müssen es so schnell wie möglich wiederfinden!«, rief Kaikias.

Sich der Worte Heras erinnernd, dass ihr Jüngster die Fähigkeit hatte, Verlorengegangenes aufzuspüren, blickte Nefeli ihren Sohn ernst an. »Beginn deine Suche und beeil dich. Wenn es jemand schaffen kann, das Halsband und den Dieb aufzuspüren, dann du!«

So schnell er konnte flog Kaikias nach Aigio zurück. Kaum dass er vor dem Museum gelandet war, rief er leise: »Spiros! Spiros, bist du da?«

»Ich bin hier!«, maunzte der kleine Kater und kam unter einem Oleanderbusch hervor.

»Ist noch etwas geschehen während ich fort war?«

»Nein, nicht viel«, antwortete Spiros. »Mein Mensch hatte den Einbrecher ja nicht gesehen, deswegen konnte er ihn auch nicht beschreiben.

«Έλα να ξαναμπούμε μέσα», πρότεινε ο Καικίας στο φίλο τους.

«Με συγχωρείς, αλλά προτιμώ να πάω στο συνάνθρωπό μου. Νομίζω ότι με χρειάζεται. Αλλά πήγαινε εσύ, αφού ξέρεις τη μυστική είσοδο στο μουσείο.»

Αποχαιρετήθηκαν οι δυο τους και ο γατούλης γλίστρησε μέσα στο κτίριο. Έψαξε προσεκτικά με τη μύτη τους τις μεγάλες αίθουσες. Ευτυχώς που δεν είχαν σφουγγαρίσει ακόμα. Ο Καικίας μύρισε πολλά ίχνη. Βρήκε για παράδειγμα αυτά των αστυνομικών, τα κατάλαβε από τη μυρωδιά των παπουτσιών τους. Μετά, φυσικά, αυτά του φύλακα κι αυτά του Σπύρου και του εαυτού του, αλλά κανένα, που θα μπορούσε να είναι του κλέφτη. Απογοητευμένος ήθελε να παραιτηθεί, όταν ξαφνικά του μπήκε μια άσχημη μυρωδιά στη μύτη. Ναι μεν ασθενική, αλλά καθαρή, Αυτό δεν ήταν το σημείο που καθόταν ο φύλακας; Γεμάτος προσδοκίες ακολούθησε το ίχνος. Η βρωμιά μεγάλωνε. Γιατί δεν το είχε καταλάβει ήδη από το μεσημέρι; Παράξενο. Ο Κακίας δε θυμόταν να είχε μυρίσει ποτέ τέτοια βρώμα. Ούτε καν από το ψόφιο ποντίκι, που είχε βρει πριν από λίγες μέρες. Και πρέπει να ήτανε μέρες στον ήλιο τόσο που

So sind die Polizisten nach kurzer Zeit wieder gegangen.«

»Haben die Beamten Spuren gefunden?«

»Nein, nichts!«

»Komm, lass uns noch einmal nachschauen«, forderte Kaikias seinen Freund auf.

»Sei nicht böse, aber ich möchte jetzt lieber zu meinem Menschen. Ich denke, dass er mich braucht. Aber geh du nur, du kennst ja den geheimen Weg in das Museum hinein.«

Die beiden verabschiedeten sich voneinander und das Katerchen schlüpfte in das Gebäude. Sorgfältig schnupperte es die großen Hallen ab. Zum Glück war der Boden noch nicht gereinigt worden. Kaikias erschnüffelte viele Spuren. Da waren zum Beispiel die der Polizisten. Er erkannte sie an ihrem Geruch nach Schuhcreme. Dann natürlich die des Museumshüters und die von Spiros und ihm selbst, aber keine, die er dem Einbrecher hätte zuordnen können. Enttäuscht wollte er schon aufgeben, als ihm plötzlich ein unangenehmer Geruch in die Nase stieg. Zwar schwach, aber trotzdem deutlich wahrnehmbar. War das nicht die Stelle, an der der Aufseher gelegen hatte? Erwartungsvoll folgte er der Spur. Der Gestank wurde immer schlimmer. Wieso war er ihm nicht bereits

βρώμαγε. Η μυρωδιά τον οδήγησε στην πόρτα και έγινε πιο ασθενής. Γρήγορα βγήκε ο γατούλης από το μουσείο από τον ίδιο δρόμο που είχε μπει. Μπροστά στην πόρτα προσπάθησε πάλι να βρει τη μυρωδιά. Εκεί ανακάλυψε και κάτι άλλο: Μικροσκοπικά πατήματα, όχι μεγαλύτερα από τα δικά του που είχαν αυτή την απαίσια μυρωδιά!

Στο σκοτάδι το γκρι τρίχωμα του Καικία έγινε ένα με το περιβάλλον. Έτσι σχεδόν αόρατος, ακολούθησε τα ίχνη. Ξαφνικά τελείωσαν. Μπερδεμένος κοίταξε γύρω γύρω ο μικρός γάτος. Με μεγάλη προσοχή έψαχνε τα πάντα, ενώ τα πατήματα είχαν εξαφανιστεί. Επίσης και η βρωμιά. Έκατσε και σκεφτόταν χωρίς σχέδιο. Τι ον ήταν αυτό και προς τα πού είχε εξαφανιστεί;

«Να σε βοηθήσω Καικία;», ακούστηκε ξαφνικά μια σιγανή φωνή δίπλα του. Ήταν μια μεγάλη λίγο ατσούμπαλη γάτα.

«Με γνωρίζεις;», παραξενεύτηκε ο μικρός ντετέκτιβ.

«Και ποιός δεν ξέρει εσένα και την οικογένειά σου;», αποκρίθηκε με χαμόγελο η γάτα.

«Ναι, μήπως μπορείς πραγματικά να με βοηθήσεις; Είδες σήμερα το πρωί εδώ κάποια στιγμή ένα ... μμ ... ασυνήθιστο ον;».

mittags aufgefallen? Seltsam. Kaikias konnte sich nicht erinnern jemals eine solch stinkende Ausdünstung gerochen zu haben. Noch nicht einmal die tote Ratte, die er vor ein paar Tagen fand, und die schon längere Zeit in der Sonne gelegen haben musste, hatte so scheußlich gemieft. Der Geruch führte zur Tür und wurde schwächer. Eilig verließ das Katerchen das Museum auf dem gleichen Weg wie er hereingekommen war. Vor dem Tor versuchte er die Fährte wieder aufzunehmen. Dabei entdeckte er noch etwas: Winzige Fußabdrücke, kaum größer als seine eigenen, denen der gleiche widerliche Geruch anhaftete!

In der Dunkelheit verschmolz Kaikias graues Fell mit der Umgebung. Auf diese Weise fast unsichtbar, folgte er der Spur. Plötzlich endete sie. Verwirrt schaute der kleine Kater sich um. Sorgfältig suchte er alles ab, doch die Fuß-abdrücke waren verschwunden. Auch der Gestank hatte sich verflüchtigt. Ratlos setzte er sich hin und überlegte. Was war das für ein Wesen und wohin war es entschwunden?

»Kann ich dir helfen, Kaikias?«, erklang auf einmal eine leise Stimme neben ihm. Sie gehörte einer alten, etwas zerzausten Katze.

«Δυστυχώς όχι», είπε λυπημένη η γάτα. «Αλλά σου δίνω μια συμβουλή: Είσαι κουρασμένος, ξάπλωσε εκεί πέρα στη λεβάντα και κοιμήσου λιγάκι. Ποιός ξέρει; Μήπως σου στείλει καμιά έμπνευση ο Μορφέας, ο θεός των ονείρων.»

Ο Καικίας αποφάσισε να εκτελέσει αυτή τη συμβουλή. Πράγματι νύσταζε πάρα πολύ. Εκτός από αυτό, ήξερε από την αδερφή του την Πανάκεια, ότι κάποιοι άνθρωποι βάζουν κάτω από το μαξιλάρι τους ένα σακουλάκι με λεβάντα για να κοιμούνται καλύτερα και να βλέπουν ωραία όνειρα. Μόλις ξάπλωσε ο μικρός και έκλεισε τα μάτια του τον πήρε βαθύς ύπνος. Μετά από λίγο άρχισε να ονειρεύεται, και όπως το είχε προβλέψει η γάτα, του εμφανίστηκε ο Μορφέας.

«Χαίρε Καικία», είπε το θεϊκό όν. «Ο κλέφτης που ψάχνεις είναι ένας Κέρκωπας. Έχει τη μορφή ενός πίθηκου και έχει σκλάβο έναν Ιππογρύπας. Πάνω σε αυτόν πετάει τώρα προς το νότο. Αυτά είναι όλα που μπορώ να σου πω. Βρες τον ούριο δρόμο και φέρε το κολιέ της Αρμονίας σε ασφαλές μέρος. Αλλά βιάσου! Σου εύχομαι καλή τύχη!».

Το όραμα του θεού των ονείρων τέλειωσε και ο Καικίας ξύπνησε. Λίγο ζαλισμένος τινάχτηκε.

»Du kennst mich?« Der kleine Detektiv war erstaunt.

»Wer kennt dich und deine Familie nicht?«, entgegnete die Katze grinsend.

»Ja, vielleicht kannst du mir wirklich helfen. Hast du heute irgendwann am Vormittag hier ein … hm … ungewöhnliches Wesen gesehen?«

»Leider nicht«, schnurrte die Katze bedauernd. »Aber ich gebe dir einen Rat: Du bist müde, leg dich dort drüben in die Lavendelbüsche und schlafe etwas. Wer weiß? Vielleicht sendet Morpheus, der Gott der Träume, dir eine Eingebung.«

Kaikias beschloss diesem Rat zu folgen. Er war wirklich sehr müde. Außerdem wusste er von seiner Schwester Panakea, dass sich manche Menschen kleine Säckchen mit Lavendelblüten unter ihr Kopfkissen legen, damit sie besser schliefen und von schönen Dingen träumten. Kaum hatte der kleine Kater sich niedergelegt und die Augen geschlossen, fiel er auch schon in tiefen Schlaf. Bereits nach kurzer Zeit begann er zu träumen, und wie die Katze es prophezeit hatte, erschien ihm Morpheus.

»Sei gegrüßt, Kaikias«, sprach das göttliche Wesen. »Der Dieb, den du suchst, ist ein Kerkope. Er hat die Gestalt eines Affen und sich einen Hippo-

Θυμόταν κάθε λέξη που του είχε πει ο Μορφέας στο όνειρό του παρότι κοιμόταν βαθιά.

Αμέσως ο μικρός γάτος άνοιξε τα φτερά του και ξεκίνησε. Γρήγορος σαν το βοριά ακολουθούσε τους φυγάδες. Και δεν τον ένοιαζε καθόλου που αυτός και τα αδέλφια του δεν έπρεπε κανονικά να πετάνε τη νύχτα. Αυτή η υπόθεση παρά ήταν σημαντική, για να τηρούν τη γονική απαγόρευση.

Ώρες πολλές ο Καικίας πέταγε πάνω από τη χώρα. Εδώ και κάμποση ώρα ο ήλιος είχε ανατείλει. Από κάτω του εμφανίστηκε ένα πανέμορφο τοπίο. Ψηλά βουνά και χαμηλοί λόφοι εναλλάσσονταν με πράσινες κοιλάδες και με κάμπους γεμάτους ελιές και άλλα καρποφόρα δέντρα. Ενδιάμεσα έβλεπε ξανά και ξανά μικρά χωριά και μικρές πόλεις. Έβλεπε επίσης πολλά ερείπια. Σημάδι ότι υπήρχαν κατοικίες περασμένων εποχών διάσπαρτες εδώ και εκεί. Δεν είχε όμως χρόνο να απολαύσει την ομορφιά της χώρας. Γιατί είχε το καθήκον του!

Επιτέλους κι ενώ ο μικρός γάτος πίστεψε κιόλας πως οι φυγάδες γλυτώσανε, τους είδε! Μακριά μπροστά του σαν ένα μικρό σημείο στον ορίζοντα πέταγε ο Ιππογρύπας. Και πάνω στην πλάτη του ο Κέρκωπας! Ανακουφίστηκε ο Καικίας. Τώρα

greif zum Untertan gemacht. Auf diesem fliegt er in Richtung Süden. Das ist alles, was ich dir sagen kann. Finde den Geschwänzten und bring das Halsband der Harmonia in Sicherheit. Doch du musst dich beeilen! Ich wünsche dir viel Glück!«

Das Bildnis des Traumgottes verblasste und Kaikias erwachte. Noch etwas benommen schüttelte er sich. Jedes Wort, das Morpheus ihm in seinem Traum zugeflüstert hatte, hatte sich ihm deutlich eingeprägt.

Sofort breitete der kleine Kater seine Flügel aus und sauste los. Schnell wie der Nordostwind eilte er den Flüchtenden hinterher. Dabei war es ihm auch völlig egal, dass er und seine Geschwister bei Nacht eigentlich nicht fliegen durften. Diese Angelegenheit war viel zu wichtig, um sich an das elterliche Verbot zu halten.

Viele Stunden flog Kaikias über das Land. Die Sonne war längst aufgegangen. Unter ihm offenbarte sich eine wunderbare Landschaft. Hohe Berge und sanfte Hügel wechselten sich mit grünen Tälern und Ebenen voller Obst- und Olivenbäumen ab. Zwischendurch tauchten immer wieder verlassen wirkende Orte und belebte kleine Städte

έπρεπε να προσέξει να μην τον δουν. Χωρίς να κόψει ταχύτητα πέταξε προς ένα μικρό δάσος. Είχε την ελπίδα, πως οι κορυφές των δέντρων θα τον έκρυβαν. Η μακριά πτήση και η ένταση είχαν κουράσει το μικρό γάτο και σιγά σιγά τον εγκατέλειπαν οι δυνάμεις του! Έβαλε όμως τα δυνατά του και συνέχισε. Και σιγά–σιγά η απόσταση από τους μπροστινούς του μίκραινε.

Το σύμπλεγμα των δυο όντων πέταγε προς την κορυφή του βουνού όπου μετά από λίγο προσγειώθηκε. Ο γατούλης έφτασε στο χώμα σε ασφαλή απόσταση. Όσο συναρπαστική κι αν ήταν η πτήση του έκανε καλό που αισθάνθηκε στεριά κάτω από τα ποδαράκια του.

Σκυφτός ο Καικίας πλησίασε τους δυο τους. Οι βράχοι αποτελούσαν κάλυψη και μετά από λίγο άκουσε τη χοντρή φωνή του Κέρκωπα:

«Θα με περιμένεις εδώ. Μην τολμήσεις να φύγεις! Ξέρεις αλλιώς τι θα πάθεις!». Τα βήματά του απομακρύνθηκαν. Ο μικρός γάτος παραξενεύτηκε. Έτσι μιλάει κανείς με το φίλο του; Περίμενε λίγα λεπτά και σιγά–σιγά τους πλησίασε κι άλλο. Ο Ιππογρύπας ήταν μπροστά στην είσοδο ενός σπηλαίου. Και στενοχωρημένος κεφάλι, φτερά και μπροστινά πόδια ενός αετού και σώμα ενός αλόγου. Γιατί ένα τέτοιο θαυμάσιοέσκυβε το κε-

auf. Auch entdeckte er viele Ruinen, Zeugen längst vergangener Tage, die wahllos über das Land verstreut dazuliegen schienen.

Doch ihm blieb keine Zeit, die Schönheit des Landes genauer zu betrachten. Schließlich hatte er eine Aufgabe zu erfüllen!

Endlich, als der kleine Kater schon glaubte, die Verfolgten seien entkommen, sah er sie! Weit voraus, als winziger Punkt am Horizont, flog der Hippogreif. Und festgekrallt auf seinem Rücken hockte der Kerkope! Erleichtert seufzte Kaikias auf. Nun musste er aufpassen, dass sie ihn nicht entdeckten. Ohne seine Geschwindigkeit zu verringern hielt er auf ein Wäldchen zu. Er hoffte, dass ihm die Baumwipfel Deckung geben würden. Der lange Flug und die Anspannung waren für den kleinen Kater ziemlich anstrengend, und allmählich ließen seine Kräfte nach. Doch tapfer hielt er durch und langsam verringerte sich der Abstand zu den Vorausfliegenden.

Das geflügelte Wesen hielt auf einen Bergrücken zu, wo es kurze Zeit später landete. Das Katerchen ließ sich in sicherer Entfernung zu Boden gleiten. So aufregend der Flug auch gewesen war, tat es doch gut, endlich wieder festen Boden unter den Pfoten zu spüren.

Geduckt schlich Kaikias sich näher an die beiden

φάλι του. Με ενδιαφέρον ο Καικίας παρακαλουθούσε το ασυνήθιστο ζωντανό. Είχε ζωντανό έκανε τέτοιες απαίσιες πράξεις;

«Με βίασε. Τι να έκανα;», ακούστηκε η φωνή του Ιππογρύπου.

Ο γάτος τρόμαξε. Τι ατυχία. Τώρα τον είχε ανακαλύψει!

«Από πότε ξέρεις ότι είμαι εδώ;», ρώτησε και βγήκε από τον κρυψώνα του.

«Εδώ και πολύ καιρό!».

«Και δε με μαρτύρησες;».

«Όχι, γιατί να το πω σε αυτόν τον κλέφτη τον Κέρκωπα ότι το ξέρω;».

«Δεν είστε φίλοι; Και φαίνεται ότι ξέρεις και διαβάζεις τις σκέψεις μου;».

«Προτού ονομάσω ένα τέτοιο σιχαμένο ζωντανό ως φίλο, καλύτερα να βγάλω τα φτερά μου!».

Ο Ιππογρύπας αναστέναξε με απόγνωση. «Και ναι, σωστά το κατάλαβες», συνέχισε. «Ξέρω να διαβάζω τις σκέψεις σου. Το λένε και τηλεπάθεια. Εμείς οι ιπτάμενοι συζητάμε μόνο με αυτό τον τρόπο. Πρέπει όμως να διαπιστώσω ότι είσαι η πρώτη ιπτάμενη γάτα που βλέπω.»

«Δε με παραξενεύει», χαμογέλασε ο Καικίας.

heran. Die Felsen boten ihm Schutz und bald schon hörte er die krächzende Stimme des Kerkopen: »Du wartest hier auf mich. Wage es ja nicht davon zu fliegen! Du weißt, was sonst passiert!«

Die Schritte entfernten sich. Der kleine Kater war erstaunt. Sprach man so mit einem Freund? Er wartete noch ein paar Minuten und pirschte sich dann auf leisen Sohlen näher heran. Der Hippogreif stand vor dem Eingang einer Höhle und ließ traurig seinen Kopf hängen. Interessiert betrachtete Kaikias das ungewöhnliche Geschöpf. Sein Kopf, die Flügel und die Vorderbeine glichen denen eines Adlers, sein Leib jedoch dem eines Pferdes. Wieso ließ sich so ein wunderbares Wesen zu solchen Schandtaten herab?

»Er hat mich gezwungen. Was sollte ich tun?«, erklang die Stimme des Hippogreifs.

Der Kater zuckte zusammen. Zu dumm, er war entdeckt!

»Seit wann weißt du dass ich hier bin?«, fragte er und trat aus seiner Deckung.

»Schon lange!«

»Und du hast mich nicht verraten?«

»Nein, warum sollte ich es diesem diebischen Kerkopen auf die Nase binden?«

»Ihr seid nicht befreundet?«

«Δεν υπάρχουν πολλοί από εμάς.»

«Θα με βοηθήσεις;».

«Φυσικά!», υποσχέθηκε ο μικρός ντετέκτιβ. «Πως έγινε κι αυτός ο καλικάντζαρος μπόρεσε να σε βιάσει για να δουλέψεις για αυτόν;».

«Η γυναίκα μου έπεσε σε μια παγίδα του και από τότε την έχει κρατούμενη. Και μόνο όταν δε χρειάζεται πια τη δουλειά μου θα την αφήσει ελεύθερη.»

«Αυτός ο άθλιος νάνος!», φώναξε ο Καικίας.

«Τι βρίσκεται εδώ μέσα στη σπηλιά;».

«Όλοι οι θησαυροί του. Δηλαδή, όλα τα πολύτιμα που έχει κλέψει.»

«Τότε άραγε θα έχει κρύψει εκεί και τον κολιέ που έχει κλέψει από το μουσείο του Αιγίου. Ξέρεις, πώς έβγαλε το κόσμημα από τη βιτρίνα; Δε βρήκαμε σπασμένα.»

«Τις τελευταίες μέρες έπρεπε να τον πάω εκεί τρεις φορές. Έβρεξε τα σημεία που είναι κολλημένα τα τζάμια με τα σάλια του. Κι έτσι σιγά–σιγά έλιωσε η κόλλα και το καπάκι της βιτρίνας βγήκε.»

«Αυτό ήταν πολύ έξυπνο. Δε θα το βρίσκαμε πότε. Αλλά ποιός ξέρει κιόλας πως δρουν τα σάλια ενός Κέρκωπα», είπε ο γάτος. «Πρέπει να βιαστώ τώρα!».

»Bevor ich ein solch widerwärtiges Wesen als *Freund* bezeichne, reiße ich mir lieber meine Flügel aus!« Der Hippogreif schnaubte verächt-lich.

»Meine Gedanken scheinst du auch lesen zu können?« Aus Kaikias Stimme klang Bewunderung.

»Ja, das hast du richtig erkannt, ich *kann* deine Gedanken lesen. Man nennt es auch Telepathie. Wir Geflügelten unterhalten uns nur auf diese Art. Allerdings muss ich gestehen, dass du die erste geflügelte Katze bist, die ich sehe.«

»Das erstaunt mich nicht«, grinste Kaikias. »Es gibt nicht sehr viele von uns.«

»Wirst du mir helfen?«

»Natürlich!«, versprach der kleine Detektiv. »Wie kam es dazu, dass dieser Kobold dich zwingen konnte für ihn zu arbeiten?«

»Er hat meine Frau in eine Falle gelockt und hält sie seitdem gefangen. Erst wenn er meine Dienste nicht mehr benötigt, wird er sie wieder frei lassen.«

»Dieser elende Wicht!«, schimpfte Kaikias. »Was befindet sich in der Höhle?«

»All seine Schätze. Das heißt, all die edlen Kostbarkeiten, die er gestohlen hat!«

Μπήκε αποφασισμένος στη σπηλιά. Μετά από λίγα βήματα τον περιέβαλλε βαθύ σκοτάδι. Αυτό όμως ήταν το μικρότερο πρόβλημα. Γιατί στο σκοτάδι έβλεπε εξίσου όπως σε μια φωτεινή μέρα. Αυτό όμως που τον δυσκόλεψε, ήταν πως θα μπορούσε να ξεγελάσει τον Κέρκωπα.

Ξαφνικά τρόμαξε. Το τρίχωμά του σηκώθηκε και δεν τολμούσε ούτε να αναπνεύσει. Ένας τρομερός θόρυβος ηχούσε σε όλο το βουνό! Πήρε λίγο χρόνο μέχρι που ο Καικίας κατάλαβε τι ήταν: Ο καλικάντζαρος γέλαγε! Ο αντίλαλος του γέλιου πολλαπλασιάστηκε από τα βράχια και πέρασε και από τα κόκκαλα. Τότε ο γάτος είχε μια ιδέα! Προχώρησε γρήγορα. Μετά από μια στροφή ο διάδρομος άνοιγε και βγήκε σε μια σπηλιά. Ακριβώς στο κέντρο της ήταν ο Κέρκωπας, γέλαγε και χόρευε και μέσα στα χέρια του κρατούσε ... τον κολιέ της Αρμονίας! Γύρω του υπήρχαν απερίγραπτοι θησαυροί. Πλούσια διακοσμημένα σπαθιά, πολύτιμες πέτρες και υπέροχα κοσμήματα. Ακόμη και αποκτήματα θεών ανακάλυψε ο Καικίας. Εκεί ήταν για παράδειγμα η άμαξα του θεού Ήλιου, το τόξο της θεάς Αρτέμιδας κι ακόμα και η τρίαινα του Ποσειδώνα, του θεού της θάλασσας.

»Dann will er das Halsband, das er im Museum in Aigio gestohlen hat, auch dort verstecken. Weißt du, wie er das Schmuckstück aus der Vitrine entwendet hat? Wir haben keine Scherben gefunden.«

»In den vergangenen Tagen habe ich ihn drei Mal dorthin fliegen müssen. Er hat die Klebestellen, mit denen die Glasscheiben verbunden sind, mit seiner Spucke benetzt. Dadurch löste sich langsam der Klebstoff auf, so dass er den Deckel der Vitrine einfach anheben konnte.«

»Das war sehr schlau. Darauf wären wir nie gekommen. Aber wer weiß auch schon, was Kerkopen-Spucke für eine Wirkung hat«, gab der Kater zu. »Jetzt muss ich mich aber beeilen!« Entschlossen tappte er in die Höhle. Bereits nach wenigen Schritten umschloss ihn tiefste Finsternis. Das allerdings war sein geringstes Problem. Schließlich konnte er bei Dunkelheit genauso gut sehen, wie am hellen Tag. Worüber er sich jedoch Gedanken machte war, wie er den Kerkopen überlisten und überwältigen konnte. Plötzlich zuckte er zusammen. Sein Fell sträubte sich und er wagte kaum zu atmen. Ein gar schauriges Geräusch hallte durch den Berg! Es dauerte einen Moment, bis Kaikias begriff, was es war: Der Kobold lachte!

Ο γάτος δεν πίστευε στα μάτια του. Όλα ήταν αντικείμενα που τα είχε κατασκευάσει ο Ήφαιστος, ο σιδεράς των θεών.

Ο Καικίας πήρε βαθιά ανάσα και φώναξε με βροντερή φωνή: «Σκάσε επιτέλους άθλιε νάνε!».

Ο καλικάντζαρος τρόμαξε φοβερά, άφησε το κολιέ να πέσει κάτω κι έμεινε αμήχανος. Η τρομερή φωνή ηχούσε στο βουνό κι ακούστηκε μέχρι πάνω στον Ιππογρύπας.

«Ποιός; ... μα ποιός είσαι;», ρώτησε φοβισμένος ο Κέρκωπας. Έτρεμε σε όλο του το σώμα.

«Είμαι ο φύλακας του βουνού, και βαρέθηκα πια να μαζεύεις όλη τη λεία σου στο εσωτερικό του! Δεν ανέχομαι πια άλλο αυτή τη βλασφημία!»

«Ευχαρίστως θα σου δώσω και εσένα κάτι», προσπάθησε ο καλικάντζαρος να καθησυχάσει αυτό που φαινόταν σαν πνεύμα του βουνού.

«Τι; Θέλεις να με μπλέξεις στις άτιμες πράξεις σου;», θύμωσε ο γάτος. Έβγαλε μια τρομαχτική κραυγή κι έκανε το αίμα του κλέφτη να παγώσει στις φλέβες του.

«Εγώ θα τα σταματήσω όλα τώρα! Για την ποινή σου αποφάσισε μόνος σου!».

Και τώρα; Με το χρόνο ο Καικίας δυσκολευόταν.

Das Echo von dem Gelächter wurde durch die Felswände um ein Vielfaches verstärkt und drang durch Mark und Bein. Da hatte der Kater eine Idee. Eilends schlich er weiter.

Hinter einer Biegung verbreiterte sich der Gang und endete in einer gewaltigen Grotte. Genau in deren Mitte stand der Kerkope, lachte und tanzte und in seinen Händen hielt er … das Halsband der Harmonia! Um ihn herum lagen unbeschreibliche Schätze: Reich verzierte Schwerter, Edelsteine und herrliche Geschmeide. Auch Besitztümer der Götter konnte Kaikias entdecken. Da waren zum Beispiel der Wagen des Sonnengottes Helios, der Bogen der Göttin Artemis und sogar der Dreizack des Meeresgottes und Erderschütterers Poseidon. Der Kater glaubte seinen Augen nicht zu trauen. Alles Gegenstände, die Hephaistos, der Schmied der Götter, hergestellt hatte.

Kaikias holte tief Luft und brüllte mit Donnerstimme: »Sei endlich still du elender Wicht!«

Zu Tode erschrocken verstummte der Kobold. Das Halsband glitt ihm aus den Händen und er stand wie erstarrt. Das unheimliche Gebrüll hallte durch den Berg und drang bis zum Hippogreif hinauf.

Δεν είχε πια άλλη ιδέα πως να τρομάξει τον Κέρκωπα. Μα τότε συνέβη κάτι παράξενο. Ήχησε όλο το βουνό, ακούστηκαν παράξενοι ήχοι, και ... εμφανίστηκε η Ήρα. Ο γατούλης ποτέ άλλοτε δεν είχε δει τη θεά, όμως ήξερε πολύ καλά ότι ήταν εκείνη. Με σεβασμό έσκυψε μπροστά της.

«Εδώ σε αυτό το βουνό πάντα πέρναγες καλά, Κέρκωπα», απευθύνθηκε στον καλικάντζαρο. «Καλό είναι αυτό γιατί η μοίρα σου θα είναι πια να είσαι για πάντα κλεισμένος σε αυτό το βράχο!».

«Όχι παρακαλώ, ευγενή θεά!», έκλαιγε ο κλέφτης, ενώ η Ήρα σήκωσε το χέρι της και με μιας ο καλικάντζαρος έγινε πέτρα!

Ο μικρός γάτος τα παρακολουθούσε όλα με ορθάνοιχτα μάτια.

«Γεια σου Καικία!», χαμογελώντας έσκυψε η θεά προς αυτόν. «Καθώς ξέρεις οι γονείς σου και εγώ είμαστε παλιοί φίλοι. Εγώ επέλεξα για σένα και τα αδέρφια σου τα ονόματά σας και σας έδωσε και κάποια χαρίσματα για τη ζωή σας. Από τότε που γεννηθήκατε παρακολουθώ τι κάνετε. Για αυτό και μπόρεσα να σε βοηθήσω τώρα. Σε μας τους θεούς έκανες μεγάλη χάρη με την τόλμη σου. Για αυτό σε ευχαριστούμε. Εδώ και πολύ καιρό ψάχνουμε τα χαμένα πολύτιμα αντικείμενά μας.

»Wer … wer bist du?«, fragte der Kerkope ängstlich. Er zitterte am ganzen Leib.

»Ich bin der Hüter des Berges, und ich bin es leid, dass du dein Diebesgut in meinem Inneren hortest! Ich werde diesen Frevel nicht länger dulden!«

»Ich gebe dir gerne etwas ab«, versuchte der Kobold den vermeintlichen Berggeist zu beschwichtigen.

»Was? Du willst mich in deine ungebührlichen Machenschaften mit hineinziehen?«, brüllte der Kater zornbebend. Er schickte seinen Worten ein furchterregendes Fauchen hinterher, sodass dem Dieb das Blut in den Adern gefror.

»Ich werde alldem nun ein Ende setzten! Deine Strafe hast du dir selbst zuzuschreiben!«

Und nun? Langsam kam Kaikias in Bedrängnis. Ihm fiel nichts mehr ein, womit er den Kerkopen einschüchtern konnte. Doch da geschah etwas Seltsames! Ein Rumoren und Rumpeln erklang und … Hera erschien. Das Katerchen hatte die Göttin nie zuvor gesehen, und doch wusste es, dass *sie* es war. Ehrfurchtsvoll verbeugte es sich vor ihr.

»Du hast dich hier in diesem Berg immer sehr wohl gefühlt, Kerkope«, richtete sie das Wort an den Kobold. »Das ist gut so, denn dein Schicksal wird es sein, für immer und ewig in diesem Felsen zu bleiben!«

Τώρα θα τα δώσω πίσω στους ιδιοκτήτες τους και θα φροντίσω να φυλάγονται καλά. Χαίρε μικρέ γάτε. Ίσως ανταμώσουμε ξανά κάποια μέρα!». Χάιδεψε το κεφαλάκι του Καικία και την επόμενη στιγμή είχε εξαφανιστεί.

Βουβός ο Καικίας κοίταγε το σημείο, που πριν από λίγο ήταν η θεά. Μαζί τους είχαν εξαφανιστεί και όλα τα πολύτιμα αντικείμενα. Μόνο ο πέτρινος Κέρκωπας ήταν μάρτυρας σε ότι είχε συμβεί. Ο γάτος γύρισε και έτρεξε προς την έξοδο της σπηλιάς.

Ο Ιππογρύπας τον καλοδέχτηκε γελώντας. «Ήσουν θαυμάσιος!», χάρηκε και έσκασε από τα γέλια. Και ο Καικίας χαμογέλαγε. «Μου άρεσε», απευθύνθηκε.

«Πάμε όμως τώρα να απελευθερώσουμε τη γυναίκα σου!».

«Δε χρειάζεται πια! Ήδη βρίσκεται στο δρόμο προς το σπίτι.»

Ο γάτος κατάλαβε: «Α ναι! Η τηλεπάθεια!».

«Από ευγνωμοσύνη σε παρακαλώ να ανέβεις τώρα στην πλάτη μου», υπαγόρεψε το ιπτάμενο ον στον καινούριο του φίλο.

«Ξέρω πως πετάς γρήγορα σαν τον άνεμο ... εγώ είμαι ακόμα πιο γρήγορος. Και σίγουρα θα θες να

»Nein, bitte, edle Göttin!«, wimmerte der Dieb.

Doch Hera hatte ihr Urteil gefällt. Sie hob ihre Hand und im Nu war der Kobold zu Stein verwandelt!

Der kleine Kater hatte alles mit großen Augen beobachtet.

»Hallo, Kaikias!« Freundlich lächelnd beugte sich die Göttin zu ihm herab. »Wie du vielleicht weißt, sind deine Eltern und ich alte Freunde. Ich habe dir und deinen Geschwistern eure Namen ausgesucht und euch einige Gaben mit auf euren Lebensweg gegeben. Seit dem ihr auf der Welt seid, beobachte ich euer Treiben. Daher konnte ich dir nun auch zur Seite stehen. Du hast uns Göttern mit deiner Tapferkeit einen großen Dienst erwiesen. Dafür danken wir dir. Wir haben schon lange nach unseren verschwundenen Kostbarkeiten gesucht. Ich werde sie nun ihren Besitzern zurückgeben und dafür sorgen, dass sie gut bewacht werden. Leb wohl, kleiner Kater. Vielleicht sehen wir uns eines Tages wieder!« Sie streichelte Kaikias über sein Köpfchen und im nächsten Augenblick war sie auch schon verschwunden.

Sprachlos starrte Kaikias auf die Stelle, wo Hera eben noch gestanden hatte. Zusammen mit ihr waren auch alle Kostbarkeiten fort. Nur der versteinerte Kerkope zeugte noch von den Geschehnissen. Der Kater drehte sich um und rannte den Weg zurück zum Höhlenausgang.

φτάσεις όσο γίνεται πιο γρήγορα στο σπίτι σου. Σωστό;».

Χωρίς καθυστέρηση ο Καικίας ανέβηκε στην πλάτη του αιχμάλωτου. Γιατί, χωρίς ψέματα, είχε κουραστεί αρκετά από όλη την ιστορία και είχε ήδη σκεφτεί πως δε θα κατάφερνε να πετάξει όλο αυτό το δρόμο πίσω.

«Μπορεί να είμαι γρήγορος σαν το βοριά, αλλά εσύ είσαι πραγματική θύελλα», γέλαγε ο γάτος, όταν οι δυο τους με απίστευτη ταχύτητα πετάγανε προς το σπίτι του Καικία. Μετά από λίγο ο Ιππογρύπας άφησε το ελαφρύ του φορτίο στο σπίτι του.

«Ευχαριστώ πολύ φίλε μου και στο επανειδείν!», φώναξε ο Καικίας.

«Θα χαρώ πολύ», αποκρίθηκε το ιπτάμενο όν και εξαφανίστηκε στην κατεύθυνση του ηλιοβασιλέματος.

Αφού ο μικρός γάτος διηγήθηκε τις απίστευτες περιπέτειες στους γονείς του και στα αδέρφια του, κουρασμένος κουλουριάστηκε και αποκοιμήθηκε αμέσως.

Την επόμενη μέρα αποφάσισε ο Καικίας να φύγει από το πατρικό του σπίτι στη Χατζή. Στο μουσείο είχε ανακαλύψει μια ωραία μεριά στη βάση ενός από τα μεγάλα αγάλματα.

Der Hippogreif empfing ihn mit wieherndem Gelächter. »Du warst großartig!«, freute er sich und schüttelte sich vor Lachen.

Auch Kaikias grinste. »Ja, das war ein tolles Abenteuer. Aber nun lass uns aber deine Frau befreien!«

»Das brauchen wir nicht mehr. Sie ist bereits auf dem Heimweg.«

Der Kater verstand. »Ach ja, die Gedankenübertragung!«

»Als Dank an dich bitte ich dich nun auf meinen Rücken zu klettern«, forderte das geflügelte Geschöpf seinen neuen Freund auf. »Ich weiß, dass du schnell wie der Wind fliegen kannst, aber … ich bin noch ein kleines bisschen schneller. Und du möchtest doch sicher so rasch wie möglich wieder nach Hause, stimmt's?«

Das ließ sich Kaikias nicht zwei Mal sagen. Denn, wenn er ehrlich war, war er doch ziemlich erschöpft von den ganzen Anstrengungen, und ein wenig hatte es ihm schon vor dem langen Rückweg gegraust. So sprang er behände auf den Rücken des Hippogreifs.

»Ich bin vielleicht schnell wie der Nordostwind, aber du bist der reinste Sturmwind«, lachte der Kater, während die beiden in unglaublicher Geschwindigkeit durch die Lüfte jagten.

Bereits nach kurzer Zeit setzte der Hippogreif seine leichte Last zu Hause ab.

»Vielen Dank, mein Freund, und auf Wiedersehen!«, rief Kaikias.

Κι έτσι θα βρισκόταν αμέσως εκεί αν τυχόν ξανά κάποιος κλέφτης προσπαθούσε να κλέψει κάποιο από τα πολύτιμα αντικείμενα του μουσείου.

»Ja, es wäre schön, dich wiederzusehen!«, erwiderte das geflügelte Wesen und entschwand in Richtung der untergehenden Sonne.

Nachdem der kleine Kater seinen Eltern und Geschwistern von seinem unglaublichen Abenteuer berichtet hatte, rollte er sich erschöpft zusammen und schlief sofort ein.

Am folgenden Tag entschloss Kaikias sich, sein Elternhaus in Hatzi zu verlassen. Er hatte im Museum ein lauschiges Plätzchen im Sockel einer der großen Statuen gefunden. So würde er sofort zur Stelle sein, falls wieder einmal ein Dieb versuchen sollte, eines der kostbaren Ausstellungsstücke zu stehlen!

Ο θησαυρός της θεάς της θάλασσας

Η Νεφέλη είχε κουλουριαστεί στην καρέκλα δίπλα στη Σωτηρία. Είχαν κουβεντιάσει αρκετά οι δυο τους. Τώρα η κάθε μια ήταν βυθισμένη στις σκέψεις της. Ξαφνικά η γριά άρχισε να γελάει.

«Κοίτα Νεφέλη ποιός έρχεται!» Η Σωτηρία έστρεψε το βλέμμα της προς το δρόμο. Με περιέργεια η άσπρη γάτα πήδηξε στα κάγκελα. Μεμιάς της έφυγε η καλή της διάθεση και κούναγε τσαντισμένη την ουρά της. Αιτία για την κακή της διάθεση ήταν η κόρη της. Νιαουρίζοντας χαρούμενα η Μυρίνη ανέβηκε το δρόμο. Με μεγάλη χαρά χοροπήδαγε στο στενό δρομάκι. Μα πώς είχε γίνει; Το συνήθως φροντισμένο ασπροκόκκινο τιγρέ τρίχωμά της καταβρεγμένο κόλλαγε πάνω στο μικρό σώμα της και έτσι φαινόταν πολύ αδύνατη. Σαν να μην είχε φάει εδώ και εβδομάδες.

«Μυρίνη!!!», φώναξε αυστηρά η Νεφέλη. «Πώς έγινες έτσι; Μη μου πεις πως έκανες πάλι μπάνιο στο ποτάμι!»

«Ωχ!!!», η μικρή γατούλα σταμάτησε μαζεμένη. Τι ατυχία που την είχε πάρει χαμπάρι η μάνα της. Ήλπιζε να περάσει απαρατήρητη χωρίς να την

Nefeli lag zusammengerollt auf dem Stuhl neben Sotiria auf deren Balkon. Die beiden hatten ausgiebig miteinander geplaudert. Nun hing jede von ihnen ihren Gedanken nach. Plötzlich begann die alte Frau zu lachen. »Schau mal, wer da kommt, Nefeli!« Sotiria deutete die Straße hinunter. Neugierig geworden sprang die weiße Katze auf das Balkongeländer. Schlagartig war ihre gute Laune vorbei und sie zuckte verärgert mit ihrer Schwanzspitze. Der Grund für ihren Missmut war ihre Tochter. Fröhlich maunzend kam Myrine den Weg herauf. Quietschvergnügt hüpfte sie die schmale Straße entlang. Doch ihr sonst so gepflegtes, rot-weiß getigertes Fell klebte pitschnass an ihrem kleinen Körper und ließ sie furchtbar mager aussehen. So, als ob sie seit Wochen nichts zu fressen bekommen hätte.

»Myrine!«, rief Nefeli streng. »Wie siehst du denn aus? Sag nicht, dass du wieder im Fluss geschwommen bist!?«

Ups! Verlegen blieb die kleine Katze stehen. Zu dumm, dass Mama sie entdeckt hatte. Dabei hatte das Kätzchen gehofft, sich unbemerkt zu Antony schleichen zu können. Der hatte so schöne flau-

καταλάβει κανείς και να φτάσει στον Antony. Αυτός είχε ωραίες μαλακές πετσέτες με τις οποίες την είχε στεγνώσει αρκετές φορές. Κούτσαινε ακόμα καθώς είχε το γύψο, όμως είχε καλή διάθεση και χαιρόταν όταν εκείνη ή κάποιος άλλος από την οικογένεια της θα τον επισκεπτόταν. Φαίνεται πως δε θυμόταν ο Antony ότι οι φίλοι και τα αδέρφια της έφταιγαν για το ατύχημά του.

«Μην είσαι τόσο αυστηρή μαζί της», παρακάλεσε η Σωτηρία. «Την έχει αυτή την αδυναμία. Δε θα το αλλάξεις έτσι και αλλιώς».

Επίμονα κοίταγε τη Μυρίνη η μάνα της. Δεν είχε νόημα πια να μην της πει ότι κολύμπαγε στο ποτάμι. Για αυτό το ανάγγειλε με δυνατή φωνή: «Κι όμως μαμά ήταν πάρα πολύ ωραίο! Και εκτός από αυτό σου φέρνω χαιρετισμούς από τον Αχελώο και σε εσένα και στον μπαμπά!»

Συνεχίζοντας, «έχεις πάει ποτέ στο θεό των ποταμών εκεί μακριά στα βουνά;»

«Ναι μαμά. Ήταν υπέροχο! Να πέσεις εκεί στο ποτάμι και να αφήσεις το νερό να σε κουβαλάει μέχρι τη θάλασσα», είπε η μικρή με ονειρικό βλέμμα.

Η Νεφέλη κουνώντας το κεφάλι της έλεγε:

schig weiche Handtücher, mit denen er sie schon des Öfteren trockengerieben hatte. Er humpelte immer noch mit seinem Gipsbein herum, war aber guter Dinge und freute sich jedes Mal sehr, wenn sie ihn besuchen kam. Offensichtlich konnte er sich nicht mehr daran erinnern, dass sie und ihre Geschwister für seinen Sturz verantwortlich waren.

»Sei nicht so streng mit ihr«, bat Sotiria. »Sie hat nun mal diese Leidenschaft. Daran wirst du nichts ändern können.«

Trotzig schaute Myrine zu ihrer Mutter hoch. Abzustreiten, dass sie im Fluss geschwommen war, hatte eh keinen Sinn. Deshalb verkündete sie mit fester Stimme: »Doch, Mama, bin ich und es war ganz toll! Außerdem soll ich dir und Papa ganz liebe Grüße von Acheloos bestellen.«

»Du warst beim Flussgott? So weit oben in den Bergen?«

»Ja, Mama. Es ist einfach herrlich, sich von dort aus in den Fluss zu stürzen und sich auf dem Wasser bis hin zum Meer tragen zu lassen«, schwärmte die Kleine mit verträumtem Blick.

Nefeli schüttelte ihren Kopf. »Dass du immer so waghalsig sein musst! Magst du nicht lieber in dem ruhigen Wasser des Golfes schwimmen?«

«Γιατί να είσαι πάντα τόσο τολμηρή; Δε σου αρέσει να κολυμπάς καλύτερα στα ήσυχα νερά του κόλπου;».

«Αυτό σκοπεύω να κάνω αύριο», χαμογέλασε η Μυρίνη. Μετά γύρισε και πήδηξε στο σπίτι του Antony. Ήταν καιρός πια να τη στεγνώσει. Στο δρόμο καθώς περπατούσε υπήρχαν κιόλας μικρές λιμνούλες νερού.

Την άλλη μέρα πρωί πρωί η Μυρίνη έφυγε από το σπίτι. Άνοιξε τα φτερά της και πέταξε στο αγαπημένο της νησί, τα Τριζόνια. Αυτό βρισκόταν μέσα στον Κορινθιακό κόλπο, κοντά στην απέναντι στεριά. Ανάμεσα στο χωριουδάκι Χάνια στα Τριζόνια και στο χωριό Λόγγος στην Πελοπόννησο είναι ίσα με δέκα χιλιόμετρα. Τα Τριζόνια δεν ήταν μεγάλα, όμως της Μυρίνης της άρεσαν πάρα πολύ, ειδικά γιατί εκεί δεν υπήρχαν αυτοκίνητα.

Αφού πέταξε μια φορά γύρω τριγύρω σε όλο το νησί προσγειώθηκε σε ένα μικρό κόλπο. Λες και υπήρχε μαγική έλξη σε αυτό το νερό που έλαμπε μπλε και πράσινο. Δεν κρατιόταν άλλο. Έπεσε με τόλμη μέσα στο φρέσκο νερό. Στην αρχή κολύμπησε για λίγο και άφησε τα κύματα να την

»Das habe ich mir für morgen vorgenommen«, grinste Myrine verschmitzt. Dann drehte sie sich um und sprang zu Antony hinüber. Es wurde Zeit, dass er sie abtrocknete. Auf dem Straßenbelag, wo sie gestanden hatte, hatten sich schon kleine Pfützen gebildet.

Am nächsten Tag spazierte Myrine bereits früh aus dem Haus. Sie breitete ihr Flügel aus und flog zu ihrem Lieblingsplatz, der Insel Trizonia. Diese lag inmitten des Golfs von Korinth, nahe dem gegenüberliegenden Festland. Die Luftlinie zwischen dem dortigen Städtchen Chania und dem Ort Longos, auf der Peloponnes, betrug gerade einmal zehn Kilometer. Groß war Trizonia nicht, aber Myrine gefiel die kleine Insel überaus gut. Vor allem, weil dort keine Autos fuhren.

Nachdem sie das Eiland einmal überflogen hatte, landete sie in einer kleinen Bucht. Das blau und grün schimmernde Wasser zog sie magisch an. Nun gab es für das Kätzchen kein Halten mehr. Übermütig stürzte sie sich in das erfrischende Nass. Zuerst schwamm sie eine Weile und ließ sich von den Wellen tragen. Dann begann sie zu tauchen. Myrine war stolz darauf, dass sie es mittlerweile schaffte, zwanzig Minuten unter Wasser zu bleiben, ohne Luft holen zu müssen.

πηγαίνουν. Μετά άρχισε την κατάδυση. Η Μυρίνη καμάρωνε που κατάφερνε να μένει είκοσι λεπτά κάτω από το νερό χωρίς να χρειάζεται να αναπνέει. Κολύμπαγε προσεχτικά γύρω από το βραχώδες μέρος του νησιού που βρισκόταν κάτω από την επιφάνεια του νερού. Κάθε φορά που έκανε και μια κατάδυση ανακάλυπτε και κάτι καινούργιο.

Μεμιάς είδε ξαφνικά ένα ρήγμα στο βράχο που η μικρή γατούλα δεν το ξανά είχε δει σε κάποια από τις άλλες εκδρομές της. Και κάτι ακόμα προκάλεσε την προσοχή της: Στο φως των ακτινών του ήλιου που πέρναγαν στο νερό σαν μακριά δάκρια και έπλεκαν μυστηριώδη σχήματα κάτι έλαμπε στο βάθος. Με περιέργεια κολύμπησε προς τα εκεί. Με ορθάνοιχτα μάτια από την έκπληξή της η Μυρίνη κοίταγε το εύρημά της. Ήταν ένα πανέμορφο μαργαριτάρι που είχε το μέγεθος μια ώριμης ελιάς και γυάλιζε σε όλα τα χρώματα του ουράνιου τόξου. Από πού να ήρθε; Πώς να βρέθηκε αυτή η πολύτιμη πέτρα εδώ; Μήπως από το ρήγμα του βράχου; Με αποφασιστικότητα το γατάκι κολύμπησε μέχρι τη στενή είσοδο και με λίγη δυσκολία μπήκε μέσα. Ευτυχώς ο διάδρομος άνοιξε γρήγορα. Με αγωνία η Μυρίνη κοίταγε τριγύρω της. Παντού υπήρχαν

zu bleiben, ohne Luft holen zu müssen. Besonnen schwamm sie um den unter der Wasseroberfläche liegenden, felsigen Teil der Insel herum. Jedes Mal wenn sie hier tauchte, entdeckte sie etwas Neues.

Da sah sie plötzlich eine schmale Felsspalte. Die kleine Katze konnte sich nicht erinnern, sie bei einem ihrer anderen Ausflüge gesehen zu haben. Und noch etwas erregte ihre Aufmerksamkeit. Im Licht der Sonnenstrahlen, die wie lange Finger durch das Wasser schnitten und geheimnisvolle Muster hinein webten, blitzte etwas auf dem Grund. Neugierig schwamm sie näher heran. Mit großen, erstaunten Augen betrachtete Myrine ihren Fund. Es war eine wunderschöne Perle! Sie hatte die Größe einer reifen Olive und schimmerte in allen Farben des Regenbogens. Wo mochte diese Kostbarkeit hergekommen sein? Vielleicht aus dem Felsspalt? Entschlossen schwamm das Kätzchen zu dem schmalen Einlass und quetschte sich hindurch. Zum Glück verbreiterte sich der Durchgang rasch. Gebannt schaute Myrine sich im gespenstischen Licht der Höhle um.

Auf dem mit Algen überwachsenen, glitschigen Boden lagen wahllos verstreut die herrlichsten Perlen, die sie je gesehen hatte! Gerne wäre sie

τα ομορφότερα μαργαριτάρια που είχε δει ποτέ. Όμως ήταν καιρός να βγει στην επιφάνεια. Τα πνευμόνια της άρχισαν να πονάνε. Και έτσι γρήγορα γρήγορα άφησε τη θαλασσένια σπηλιά και κολύμπησε προς την επιφάνεια. Δεν είχε καταλάβει όμως πως κάποιος την παρακολουθούσε.

Ξαπλωμένο στη ζεστή αμμουδιά το γατάκι ξεκουράστηκε για λίγο. «Τι μαργαριτάρια να ήταν αυτά; Σε ποιόν να ανήκουν και πώς μπήκαν σε αυτόν τον κρυψώνα;» Δεν ηρεμούσε από αυτές τις ερωτήσεις. Το τρίχωμά της ήταν λίγο βρεγμένο από την πρώτη της κατάδυση. Όταν ξανά πήδηξε στο νερό πήγε κατευθείαν στο ρήγμα και μπήκε μέσα ξανά. Τα μάτια της συνήθισαν γρήγορα το νεφελώδες σκούρο φως στο εσωτερικό. Με θαυμασμό μελέτησε τα άπειρα αραδιασμένα μαργαριτάρια που σκέπαζαν σε όλα τα μεγέθη το πάτωμα της στενής σπηλιάς. Μόλις με περιέργεια κοίταξε ένα ιδιαίτερα όμορφο μαργαριτάρι μια βαθιά και φοβερή φωνή ακούστηκε: «Τι δουλειά έχεις εδώ στο βασίλειό μου;» Το γατάκι τρόμαξε και σήκωσε αμέσως το κεφάλι του. Μπροστά του στεκόταν ένα τεράστιο χταπόδι με γιγάντια πόδια. Με θυμό το κοίταζε από ψηλά. Παίρνοντας μια

noch länger geblieben und hätte sich genauer umgeschaut, doch langsam wurde es Zeit, dass sie wieder auftauchte. Ihre Lungen begannen bereits etwas zu schmerzen. So verließ sie eiligst die Unterwasserhöhle und schwamm an die Ober-fläche.

Dass sie dabei beobachtet wurde, bemerkte sie nicht!

Lang ausgestreckt auf dem warmen Strand, ruhte sich das Kätzchen eine Weile aus. Was mochten das für Perlen sein, wem gehörten sie und wie waren sie in dieses Versteck gelangt? Diese Fragen ließen ihr keine Ruhe. Ihr Fell war noch feucht von ihrem ersten Bad, als Myrine erneut ins Wasser sprang. Ohne Umwege paddelte sie auf den Felsspalt zu und zwängte sich erneut hinein. Ihre Augen gewöhnten sich schnell an das nebelhafte, düstere Licht im Inneren. Staunend betrachtete sie die unzähligen, schillernden Perlen genauer, die in allen Größen den Boden der schmalen Höhle bedeckten. Gerade als sie eine besonders Schöne anschaute, ertönte eine tiefe, furchterregende Stimme.

»Was hast du hier in meinem Reich zu suchen?«

Das Kätzchen zuckte zusammen und blickte auf.

Vor ihm schwebte ein riesiger Krake mit ge-

βαθιά ανάσα και με όλο το θάρρος της η Μυρίνη του αγρίεψε: «Πού να ξέρω εγώ πως αυτή εδώ η φωλιά είναι δική σου;»

«Θα σου περάσει όμως το ύφος σου!», απείλησε το υποβρύχιο όν. Και γέλαγε ειρωνικά. «Αφού βρήκες τον κρυψώνα μου και το θησαυρό μου θα έχεις καταλάβει πως δεν μπορώ να σε αφήσω να ξανά φύγεις!», είπε το χταπόδι.

Το γατάκι άρχισε να φοβάται. «Μα δεν μπορείς να το κάνεις αυτό», αποκρίθηκε. «Χρειάζομαι αέρα για να κάνω κιχχχ… Διαφορετικά θα πεθάνω».

«Χαχα!, αυτό έπρεπε να το σκεφτείς λίγο νωρίτερα», χασκογέλαγε το χταπόδι και κολύμπαγε προς τη ρωγμή. Εκεί άπλωσε τα χέρια και κόλλησε με τις βεντούζες του στο βράχος μπροστά από την είσοδο. Και έτσι έκλεισε το δρόμο προς τα έξω. Πανικόβλητη η Μυρίνη κοίταγε τις κινήσεις του. Φαινόταν σαν ιστός αράχνης. Δεν υπήρχε περίπτωση να καταφέρεις να περάσεις από εκεί. Όμως δεν έδειχνε καθόλου το φόβο της. Έπρεπε να σκεφτεί κάτι για να ξεφύγει.

«Καλά!», είπε, «αφού δεν πρόκειται να ξανά βγω από εδώ δεν μπορείς να μου μαρτυρήσεις από

waltigen Fangarmen. Grimmig sah er auf sie herab.All ihren Mut zusammennehmend fauchte Myrine ihn an: »Woher sollte ich wissen, dass dies deine Höhle ist?«

»Dir wird deine Frechheit schon noch vergehen!«, drohte das Unterwasserwesen. Dabei lachte es hämisch. »Da du mein Versteck und meinen Schatz entdeckt hast, wirst du verstehen, dass ich dich nicht wieder fortlassen kann!«

Dem Kätzchen wurde es mulmig zu Mute. »Das kannst du nicht machen«, entgegnete sie beherzt. »Ich brauche Luft zum Atmen, sonst sterbe ich!«

»Das hättest du dir vorher überlegen müssen!«

Der Krake grinste gemein und schwamm zu dem Durchschlupf. Dort breitete er seine langen Fangarme aus und hängte sich mit seinen Saugnäpfen an die Felswände vor dem Einlass. Somit versperrte er den Weg nach draußen. Er wirkte nun wie ein undurchdringliches Spinnennetz. Voller Entsetzen beobachtete Myrine sein Tun. Trotzdem ließ sie sich nichts von ihrer Furcht anmerken. Irgendetwas musste ihr einfallen, um zu entkommen.

»Gut, wenn ich hier schon nicht mehr heraus komme, kannst du mir ja auch verraten, wem du

ποιόν έκλεψες αυτά τα μαργαριτάρια;». Προσπάθησε να αποσπάσει την προσοχή του χταποδιού. Γέλαγε ξανά με απόγνωση το χταπόδι. «Αυτή είναι οι θησαυροί της θεάς των θαλασσών! Για πολύ καιρό υπηρετούσα την Αμφιτρίτη παρότι εκείνη δεν αντάμειβε την εμπιστοσύνη μου. Μια μέρα με έδιωξε και αυτό μόνο και μόνο επειδή κοίταξα στον καθρέφτη της ομορφιάς της! Αφού ήξερε πόσο πολύτιμα της ήταν αυτά τα όμορφα πολύχρωμα μπαλάκια αποφάσισα να της τα πάρω. Από εκδίκηση για την αχαριστία της. Από τότε ζω σε αυτή εδώ τη σπηλιά. Εδώ σίγουρα δε θα με βρει ποτέ!»

«Έκλεψες τη σύζυγο του Ποσειδώνα του θεού των θαλασσών;» Η Μυρίνη δεν μπορούσε να το πιστέψει.

Εκτός από τη φρίκη για αυτή την κακή πράξη υπήρχε και άλλο ένα πρόβλημα. Σιγά σιγά τα αποθέματα αέρα της Μυρίνης τέλειωναν και ακόμα δεν είχε σκεφτεί πως θα μπορούσε να ξεφύγει από τον αντίπαλό της. Του πρότεινε να της δώσει πίσω το θησαυρό. «Ίσως θα τη γλιτώσεις και θα μπορείς να ξανά παίζεις ελεύθερα στα νερά» είπε. Τις τελευταίες προτάσεις τις έβγαλε με βραχνή φωνή το γατάκι. Τα πνευμόνια

diese Perlen gestohlen hast«, versuchte sie den Tintenfisch abzulenken. Dieser ließ erneut sein schauriges Gelächter erklingen. »Es sind die liebsten Kostbarkeiten der Göttin der Meere! Ich stand lange in Amphitrites Diensten. Doch sie hat mir meine Treue schlecht gedankt. Eines Tages jagte sie mich davon. Und das nur, weil ich in ihren *Spiegel der Schönheit* geschaut habe. Da ich wusste, wie viel ihr diese hübschen bunten Kugeln bedeuten, beschloss ich, sie ihr wegzunehmen. Aus Rache wegen dieser Ungemach! Seither lebe ich in dieser Grotte. Hier findet sie mich bestimmt nie!«

»Du hast die Ehefrau von Poseidon, dem Gott der Meere bestohlen?« Myrine war fassungslos. Doch zu ihrem Entsetzen über diese Schandtat gesellte sich ein weiteres Problem: Langsam ging ihr Vorrat an Atemluft zu Ende, und noch immer war ihr nichts eingefallen, wie sie ihrem Peiniger entwischen konnte. »Gib ihr die Schätze zurück«, schlug sie vor. »Vielleicht kommst du ungeschoren davon und kannst wieder durch das Wasser tollen.« Die letzten Sätze brachte das Kätzchen nur noch krächzend hervor. Ihre Lungen brannten wie Feuer.

»Spar dir deine unnützen Ratschläge«, fauchte der Krake. »Niemals gebe ich die Perlen zurück!«

του έκαιγαν σαν φωτιά. «Σταμάτα τις χαζές σου προτάσεις», αγρίεψε το χταπόδι. «Ποτέ μα ποτέ δε θα δώσω πίσω τα μαργαριτάρια μου.»

Εκείνη τη στιγμή ακούστηκε ένας έντονος θόρυβος. Απερίγραπτα δυνατός σαν τιτίβισμα πάπιας. Ποτέ πριν η Μυρίνη δεν είχε ακούσει τέτοιους ήχους. Αμήχανη και παραξενεμένη κοίταγε προς το χταπόδι. Αυτό ξαφνικά συμπεριφερόταν εντελώς παράξενα. Κραυγάζοντας έπιασε με τα χέρια του το κεφάλι του και βούλωσε με τις βεντούζες του τα αυτιά του. Οι ήχοι φαίνονταν ανυπόφοροι για αυτό. Αυτό ήταν μια καλή ευκαιρία για τη Μυρίνη. Βάζοντας την τελευταία της δύναμη πέρασε σαν σφαίρα από το χταπόδι προς την έξοδο. Μόλις όμως βγήκε από το ρήγμα την εγκατέλειψαν οι δυνάμεις της και λιποθύμησε. Ούτε που κατάλαβε πως σηκώθηκε και βρέθηκε στην ξηρά.

Ο ήλιος είχε ανέβει αρκετά όταν η μικρή γατούλα ξύπνησε. Έβηξε και έβγαλε μια μεγάλη γουλιά αλμυρό νερό. Παραξενεμένη κοίταζε γύρω της. Πώς είχε φτάσει μέχρι εδώ; Ποιός την είχε σώσει; Τότε θυμήθηκε ξανά τους παράξενους ήχους που είχε ακούσει στη σπηλιά. Τι ήχοι ήταν αυτοί; Κοίταζε με προσοχή την επιφάνεια της θάλασσας.

In diesem Moment erklang ein durchdringendes Geräusch. Unbeschreiblich schrill und ... schnatternd. Nie zuvor hatte Myrine solche Laute vernommen. Noch ganz benommen davon starrte sie verwundert zu dem Tintenfisch hinüber. Der gebärdete sich plötzlich ganz absonderlich. Mit einem Schrei schlang er seine Fangarme um seinen Kopf und stopfte sich die Saugnäpfe in die Ohren. Die Geräusche schienen für ihn unerträglich zu sein. Das war *die* Gelegenheit für Myrine! Mit letzter Kraft schoss sie an dem Tintenfisch vorbei, dem Ausgang entgegen. Doch kaum war sie aus der Felsspalte heraus, verließen sie ihre Kräfte und sie verlor die Besinnung.

Dass sie behutsam emporgehoben und an Land gebracht wurde, bekam sie nicht mit.

Die Sonne war bereits ein ganzes Stück weitergewandert, als die kleine Katze erwachte. Sie hustete und prustete und spuckte dabei einen großen Schwall Wasser aus. Verwundert schaute sie sich um. Wie war sie hier her gekommen? Wer hatte sie gerettet? Da fielen ihr wieder die eigenartigen Laute ein, die sie in der Höhle gehört hatte. Was waren das für Töne gewesen? Aufmerksam ließ sie ihre Blicke über die Wasseroberfläche gleiten.

Plötzlich stutzte sie. Fünf Delfine schwammen

Ξαφνικά έμεινε κόκκαλο. Πέντε δελφίνια κολύμπαγαν κοντά στην παραλία και κοίταγαν προς τη μεριά της. Χαμογελώντας με τα μακριά στόματα τη χαιρέτησαν. Έπειτα κάνοντας ένα μεγάλο τόξο πήδηξαν από το νερό για να ξαναχτυπήσουν στα κύματα. Συνεχίζοντας έτσι τραγουδούσαν χαρούμενα. Η Μυρίνη χάρηκε με την ευχάριστη συμπεριφορά των ζώων.

Ταυτόχρονα έβγαινε όλη η κούραση. Τα μάτια της έκλεισαν και έπεσε σε βαθύ ύπνο που την ξεκούραζε. Και έβλεπε όνειρα. Ξαφνικά μια όμορφη γυναίκα βρέθηκε κοντά της. «Μη φοβάσαι, μικρή Μυρίνη! Είμαι η Αμφιτρίτη που χάρη στις δικές σου περιπέτειες και στο δικό σου θάρρος βρήκα πάλι τα μαργαριτάρια μου. Εδώ και πολύ καιρό τα έψαχνα. Είχαν εξαφανιστεί εντελώς. Σου οφείλω μεγάλη ευγνωμοσύνη. Ευτυχώς σε είδαν τα δελφίνια μου καθώς εξαφανίστηκες στη σχισμή του βράχου. Άκουσαν την κουβέντα σου με το χταπόδι, όμως δεν κατάφεραν να περάσουν τη σχισμή και να σε βοηθήσουν, γιατί το χταπόδι ήταν για πολύ καιρό υπηρέτης μου. Ξέρεις, είναι πολύ ευαίσθητο σε ήχους και για αυτό οι ήχοι το τρέλαναν. Και αυτό ήταν το καλό. Έτσι μόνο μπόρεσαν να σε σώ-

dicht am Ufer entlang und sahen zu ihr herüber. Mit ihren langen, lächelnden Schnauzen winkten sie ihr zu. Dann sprangen sie in einem hohen Bogen aus dem Wasser, um gleich darauf wieder in die Wellen einzutauchen. Dabei schnatterten und sangen sie vergnügt. Myrine freute sich über das fröhliche Treiben der Tiere, doch dann holte die Müdigkeit sie ein. Ihr fielen die Augen zu und sie sank in einen tiefen, erholsamen Schlaf. Und sie träumte:

Eine wunderschöne Frau stand plötzlich vor ihr.

»Hab keine Angst, kleine Myrine. Ich bin Amphitrite. Dank deiner Unternehmungslust und deines Mutes habe ich meine Perlen wieder gefunden. Seit langer Zeit schon war ich auf der Suche nach ihnen, doch sie waren spurlos verschwunden. Ich bin dir zu großem Dank verpflichtet. Zum Glück haben meine Delfine dich beobachtet, wie du in der Felsspalte verschwandst. Sie haben dein Gespräch mit dem Kraken belauscht, konnten aber nicht durch den schmalen Spalt gelangen, um dir zu helfen. Da der Tintenfisch jedoch lange in meinen Diensten stand, wussten sie, dass er sehr geräuschempfindlich ist und ihr Gesang ihn verrückt macht. Das war gut so, denn nur so konnten sie dich retten!« Die Göttin lächelte. »Wenn du wieder einmal Lust zum Schwimmen hast, rufe nach

σουν», χαμογέλασε η θεά. «Όποτε έχεις πάλι όρεξη για κολύμπι, φώναξέ τα. Είναι παιχνιδιάρικα και θα σου κάνουν ωραία παρέα. Ααα! Ναι, τα καβούρια μου έφεραν τα μαργαριτάρια σε ασφαλή μέρος. Αλλά παρά την κλοπή δε θα καταδικάσω το χταπόδι να ζήσει σε τιμωρία. Και σε εσένα, μικρή γατούλα, σου εύχομαι μια ευτυχισμένη μακρινή ζωή. Πάντα είσαι καλοδεχούμενη στο βασίλειό μου. Αυτό κράτα το ως ενθύμιο». Και έβαλε έτσι ένα πανέμορφο μαργαριτάρι δίπλα στην κοιμισμένη Μυρίνη.

Όταν η Μυρίνη ξύπνησε αισθανόταν ξεκούραστη και γεμάτη δυνάμεις. Ξαφνικά ήρθε στο μυαλό της το όνειρό της. Κοίταξε δίπλα της και... πραγματικά! Ήταν εκεί η πανέμορφη γυαλιστερή πολύχρωμη πέτρα που της είχε δωρίσει η Αμφιτρίτη.

Η Μυρίνη κοίταξε προς τη θάλασσα. Τα δελφίνια κολύμπαγαν ακόμα κοντά της και τη χαιρέτησαν χαμογελώντας με τις μούρες της. «Ευχαριστώ που με σώσατε!!!» φώναζε χαρούμενα. «Αύριο θα έρθω να σας δω. Τότε μπορούμε να παίξουμε πάλι μαζί!».

ihnen. Sie sind wunderbare Spielkameraden. Ach ja, und noch etwas: Meine Krebse haben die Perlen in Sicherheit gebracht. Trotz seines Diebstahls werde ich dem Kraken nichts tun. Er soll in Freiheit leben. Dir, kleine Katze, wünsche ich ein glückliches, langes Leben, du bist in meinem Reich stets willkommen! Behalte dies zum Andenken.« Damit legte sie eine wunderschöne Perle neben die schlafende Myrine.

Als diese erwachte, fühlte sie sich frisch und ausgeschlafen. Schlagartig erinnerte sie sich an ihren Traum. Sie schaute neben sich und … tatsächlich! Dort lag die herrlich schillernde bunte Kugel, die Amphitrite ihr geschenkt hatte. Myrine blickte aufs Wasser. Die Delfine schwammen immer noch in ihrer Nähe und winkten mit ihren lächelnden Schnauzen zu ihr herüber.

»Danke, dass ihr mich gerettet habt!«, rief sie fröhlich. »Morgen komme ich zu euch, dann können wir miteinander spielen.«

Auf ihrem Heimweg überlegte die kleine Katze, ob sie ihren Eltern von ihrem Abenteuer berichten sollte. Entschloss sich dann aber, es für sich zu behalten. Sie wollte die beiden nicht beunruhigen. Aber vielleicht ahnten sie auch, was ihr heute widerfahren war. Manchmal hatte sie das Gefühl, dass die mehr, viel mehr wussten, als sie preisga-

Πηγαίνοντας για το σπίτι της η μικρή γατούλα σκεφτόταν αν θα έπρεπε να πει στους γονείς της για την περιπέτειά της. Τελικά αποφάσισε να μην τους την πει. Δεν ήθελε να ανησυχήσουν. Ίσως όμως είχαν καταλάβει τι είχε πάθει σήμερα. Κάποιες φορές της φαινόταν πως οι γονείς της ήξεραν πολύ περισσότερα από όσα έλεγαν.

Πετώντας προς το περιγιάλι η Μυρίνη ανακάλυψε ξαφνικά ένα όμορφο σπιτάκι. Βρισκόταν σε έναν κήπο δίπλα από τη θάλασσα. Ήθελε να εξερευνήσει τον κήπο. Χωρίς να κάνει θόρυβο πέταξε προς την ονειρεμένη μεριά. Μπαίνοντας σιγά σιγά στον κήπο είδε μια όμορφη ξανθιά γυναίκα, που μόλις τώρα τάιζε πέντε γατιά και τρία σκυλιά. Ξαφνικά κατάλαβε ότι τη γνώριζε αυτή τη γυναίκα. Α! Ναι, σκέφτηκε, η Πανάκεια της την είχε γνωρίσει. Τη λέγανε Ελένη και ήταν η φίλη του Μελάμβιου, του γιατρού. «Όπου χορταίνουν πέντε γάτες θα χορτάσει και μια έκτη» είπε γελώντας η Μυρίνη και γουργουρίζοντας πλησίασε τη γυναίκα. Το γατάκι είχε βρει το δικό του παράδεισο και δεν είχε σκοπό να ξαναφύγει από εκεί. Και το πιο σημαντικό: ήταν μόνο ένα πήδημα από τη θάλασσα.

ben. Das war manchmal ganz schön unheimlich.

Während ihres Heimfluges, entlang der Küste, entdeckte Myrine plötzlich ein hübsches Häuschen. Es lag in einem Garten, der unmittelbar ans Wasser grenzte. Das wollte sie sich doch einmal etwas genauer anschauen. Neugierig flog sie auf das verträumte Plätzchen zu. Als sie in den Garten schlich, sah sie eine hübsche blonde Frau, die gerade damit beschäftigt war, fünf Katzen und drei Hunde zu füttern! Dann stutzte sie. Die Frau kannte sie doch! Richtig, Panakea hatte sie ihr einmal gezeigt. Sie hieß Eleni und war die Freundin des Arztes Melampous. »Na, wo fünf Katzen satt werden, wird es auch noch eine Sechste«, grinste Myrine und ging schnurrend auf die Frau zu. Das Kätzchen hatte sein Paradies gefunden und würde es so schnell nicht mehr verlassen. Was für sie aber noch viel wichtiger war: Es war nur ein Katzensprung ins Wasser!

Ο γιος του θεός του Ήλιού

Αφοσιωμένος στις σκέψεις του καθόταν ο Θεόδωρος σε ένα ύψωμα πάνω από τη Χατζή και κοίταζε προς το μικρό χωριουδάκι. Είχε ήδη καταλάβει εδώ και κάποιες εβδομάδες ότι είχε τη χάρη να προβλέπει τα συμβάντα. Όμως οι εικόνες ήταν συνήθως θολές στα όνειρά του, τόσο που δεν μπορούσε να τις ερμηνεύσει. Λίγες μέρες νωρίτερα όμως είχαν ξεκινήσει να είναι πιο ξεκάθαρα τα πράγματα. Όταν το σκέφτηκε καλά, αυτό είχε συμβεί όταν τον είχε πάρει ο ύπνος σε αυτή εδώ την τοποθεσία. Ίσως είχε σχέση με το ότι εδώ υπήρχε κάποιο αρχαίο μέρος. Είχε ακούσει τον κόσμο να λέει πως τα ερείπια εδώ είναι οι δεύτεροι Δελφοί. Μήπως έβγαιναν και εδώ αέρια από κάποιο ρήγμα και του έφερναν τα οράματα όπως συνέβαινε στην περίφημη Πυθία την τότε μάντισσα των Δελφών; Στην πραγμα-τικότητα όμως το Θεόδωρο το φόβιζαν αυτές οι εικόνες. Θα ήταν καλύτερα να μιλούσε με τον πατέρα του για αυτό το θέμα. Και αμέσως άνοιξε τα φτερά του και πέταξε στο μικρό χωριό. Ευτυχώς οι γονείς του ήταν στο σπίτι.

«Πρέπει να μιλήσω για κάτι», άρχισε να μιλά με ανασφάλεια.

Der Sohn des Sonnengottes

Theodoros saß auf einer Anhöhe oberhalb von Hatzi und blickte auf das kleine Winzerdorf hinab. Nachdenklich strich er sich über seine Schnurrhaare. Dass er die Gabe hatte Ereignisse vorherzusehen, war ihm bereits vor einigen Wochen aufgefallen. Allerdings waren die Bilder in seinen Träumen meist sehr verschwommen. So, dass er sie nicht zu deuten vermochte. Vor einigen Tagen jedoch begannen die Visionen deutlicher zu werden. Wenn er genau darüber nachdachte, war dies allerdings erst geschehen, nachdem er hier, an diesem Platz, ein Schläfchen gehalten hatte. Ob es daran lag, dass sich an dieser Stelle eine antike Stätte befand? Er hatte die Leute sagen hören, dass es sich bei den Ruinen um ein zweites Delphi handeln sollte. Stiegen auch hier Dämpfe aus einer Erdspalte, die ihm die Weissagungen brachten, so wie es einst bei der berühmten Phythia, der Seherin von Delphi, gewesen war? Doch ehrlich gesagt ängstigten Theodoros die Bilder. Es war wohl besser, wenn er mit seinem Vater darüber spräche. Kurzentschlossen breitete er seine Flügel aus und flog in das kleine Dorf hinab. Zum Glück waren seine Eltern daheim.

«Τι σε απασχολεί;», ρώτησε η Νεφέλη ανήσυχα.

«Ξέρετε ότι μου αρέσει να κάθομαι εκεί ψηλά στο βουνό στα παλιά ερείπια;», άρχισε ο γατούλης. Οι γονείς του κούναγαν το κεφάλι. «Εδώ και λίγες μέρες μου συμβαίνει κάτι παράξενο. Έχω ... όνειρα! Μέρα με τη μέρα τα οράματα γίνονται περισσότερα και πιο ξεκάθαρα. Ακόμα και το καταμεσήμερο πέφτω σε βαθύ ύπνο και βλέπω συμβάντα που δεν τα καταλαβαίνω.»

Ο Σόφος κοιτώντας προβληματισμένος το γιό του είπε: «Περίγραψε μας τις εικόνες που βλέπεις.»

«Στην αρχή βλέπω πάντα σαλαμάνδρες. Το έδαφος είναι γεμάτο από αυτές και κουνιούνται πέρα δώθε. Μετά υπάρχουν ανθρώπινα όντα που φοράνε παράξενα ρούχα. Νέοι και γέροι. Είμαι σίγουρος ότι πρόκειται για θεούς. Οι δυο πιο μεγάλοι τσακώνονται. Και τελευταίος εμφανίζεται ο Ήλιος. Τον βλέπεις ως τεράστια μπάλα φωτιάς που μεγαλώνει όλο και περισσότερο. Μπορείτε να μου πείτε τι σημαίνουν όλα αυτά;».

«Από πότε βλέπεις τις εικόνες αυτές κι από πότε γίνονται πιο ξεκάθαρες;», ήθελε να μάθει η Νεφέλη.

«Εδώ και πέντε μέρες!».

»Ich muss etwas mit euch besprechen«, begann er unsicher.

»Was bedrückt dich denn?«, fragte Nefeli besorgt.

»Ihr wisst doch, dass ich mich gerne droben auf dem Berg bei den alten Ruinen aufhalte«, begann das Katerchen. Seine Eltern nickten.

»Seit einigen Tagen geschieht dort etwas Seltsames mit mir: Ich habe … Träume! Von Tag zu Tag werden es mehr und sie werden immer deutlicher. Selbst am hellen Tag falle ich oft in tiefen Schlaf und sehe Geschehnisse, die ich nicht verstehe.«

Sophos schaute seinen Sohn ernst an. »Beschreib uns die Bilder, die du siehst.«

»Zuerst erscheinen mir immer die Feuersalamander. Die Erde ist bedeckt von ihnen und sie wimmeln und wuseln in Scharen herum. Dann sind da menschliche Gestalten, die eigenartige Gewänder tragen. Junge und alte. Ich bin mir sicher, dass es sich bei ihnen um Götter handelt. Die beiden Ältesten streiten sich. Tja, und als Letztes erscheint mir die Sonne. Ich sehe sie als riesigen Feuerball, der größer und größer wird. Könnt ihr mir sagen, was das alles bedeutet?“

»Seit wann siehst du diese Bilder und seit wann werden sie klarer?«, wollte Nefeli wissen.

Η γάτα κούναγε το κεφάλι της. Πράγματι! Ακριβώς εδώ και πέντε μέρες μέρα με τη μέρα έκανε και περισσότερη ζέστη. Σχεδόν κανένας δεν έβγαινε πια από το σπίτι του και το χειρότερο, τα δημητριακά στα χωράφια καιγόντουσαν μέσα σε αυτή τη ζέστη. Κι ούτε τα οπωρικά και τα λαχανικά μεγάλωναν και άρχισαν να ξεραίνονται. Ενώ πριν φαινόταν πως φέτος θα υπήρχε καλή σοδειά. Η Νεφέλη σκεφτόταν. Αποκλείεται να έφταιγαν πάλι οι Ναϊάδες. Το ποτάμι είχε αρκετό νερό και ο Θεόδωρος δεν *τις* είχε δει στα όνειρά του. Η άσπρη γάτα έκλεισε τα μάτια της. Με τη σκέψη της φώναξε τα άλλα παιδιά. Μετά από λίγο εμφανίστηκαν και τα τρία.

«Μας φωνάξατε;», ρώτησε η Πανάκεια ανήσυχα. Ποτέ άλλοτε δεν την είχαν φωνάξει οι γονείς της με αυτό τον τρόπο.

«Συνέβη κάτι;», ήθελε να μάθει η Μυρίνη.

«Παρακαλώ, καθίστε παιδιά», τους είπε ο Σόφος. «Η μητέρα σας και εγώ πρέπει να σας πούμε κάτι.»

«Για πείτε επιτέλους τι συμβαίνει;», μουρμούριζε ο Καικίας.

«Ο αδερφός σας, ο Θεόδωρος, τις προηγούμενες μέρες, είχε κάποια οράματα που μας ανησυχούν»,

»Seit fünf Tagen!«

Die Katze nickte. Das kam hin. Seit genau dieser Zeitspanne wurde es von Tag zu Tag heißer. Kaum jemand verließ noch sein Haus, und was noch schlimmer war: Durch die Gluthitze verbrannte das Getreide auf den Feldern. Auch Obst und Gemüse wuchsen nicht mehr und begannen zu verschrumpeln. Dabei hatte es ausgesehen, dass in diesem Jahr mit einer guten Ernte zu rechnen war. Nefeli überlegte. Die Najaden konnten dieses Mal nicht die Schuldigen sein. Der Fluss führte noch genügend Wasser und Theodoros hatte nicht *sie* in seinen Träumen gesehen. Die weiße Katze schloss ihre Augen. Im Geiste rief sie ihre anderen Kinder zu sich. Es dauerte auch nicht lange und die drei erschienen.

»Ihr habt uns gerufen?«, fragte Panakea beunruhigt. Es war noch nie zuvor vorgekommen, dass ihre Eltern sie auf diese Art und Weise zu sich baten.

»Ist etwas geschehen?«, wollte Myrine wissen.

»Setzt euch bitte, Kinder«, forderte Sophos sie auf. »Eure Mutter und ich haben euch etwas mitzuteilen.«

»Ihr macht es aber spannend«, murmelte Kaikias.

άρχισε ο γάτος. «Βλέπετε πως μέρα με τη μέρα έχουμε και περισσότερη ζέστη. Αυτό δεν είναι φυσιολογικό. Η Νεφέλη και εγώ θα ψάξουμε την αιτία.»

«Και που θα ψάξετε την αιτία;», απορούσε η Μυρίνη.

«Θα πετάξουμε στον Όλυμπο!».

Τα γατάκια νιαούριζαν με έκπληξη και κοίταγαν τους γονείς τους με ορθάνοιχτα μάτια.

«Να σας συνοδέψω;», ρώτησε ο Καικίας με ενθουσιασμό.

«Ναι! Εσύ και η Μυρίνη θα έρθετε μαζί μας!».

«Γιατί μόνο οι δυο τους;», νιαούριζε ο Θεόδωρος απογοητευμένος.

«Γιατί εσείς οι δυο χρειάζεστε εδώ», εξήγησε ο Σόφος. «Αν αυξηθεί και άλλο η ζέστη θα αρρωστήσουν πολλοί άνθρωποι ακόμα. Οι γνώσεις της Πανάκειας στην ιατρική θα μειώσουν τα βάσανά τους. Όσο αφορά εσένα Θεόδωρε», απευθύνθηκε στο μαύρο γάτο, «συνέχισε να παρατηρείς τα όνειρά σου. Αν δεις ότι το ταξίδι δεν έχει επιτυχία πήγαινε στη Σωτηρία. Εκείνη σε καταλαβαίνει και θα σε βοηθήσει να προειδοποιήσεις τους ανθρώπους για να κάνουν προετοιμασίες μήπως πάθουν τα χειρότερα. Δεν ξέρου-

»Euer Bruder, Theodoros, hatte in den vergangenen Tagen besorgniserregende Visionen«, begann der Kater. »Wie ihr bemerkt habt, wird es von Tag zu Tag heißer. Das ist nicht normal. Nefeli und ich werden der Sache auf den Grund gehen!«

»Wo wollt ihr nach der Ursache suchen?«, erkundigte sich Myrine.

»Wir fliegen zum Olymp!«

Die Kätzchen maunzten erstaunt und blickten ihre Eltern mit großen Augen an.

»Darf ich euch begleiten?«, fragte Kaikias voller Begeisterung.

»Ja. Du und Myrine werden mit uns kommen!«

»Warum nur die beiden?«, miaute Theodoros enttäuscht.

»Weil ihr zwei hier gebraucht werdet«, erklärte Sophos. »Wenn die Hitze weiter zunimmt, werden noch viele Menschen krank werden. Panakeas Wissen über die Heilkunst wird ihre Beschwerden lindern. Was dich angeht, Theodoros«, wandte er sich an den schwarzen Kater, »beobachte weiter deine Träume. Wenn du siehst, dass unsere Reise erfolglos ist, gehe zu Sotiria. Sie wird dir helfen, die Menschen zu warnen, so dass sie Vorkehrungen treffen und sich in Sicherheit bringen können! Wir wissen nicht, was uns erwartet. Des-

με τι μας περιμένει. Για αυτό θέλουμε να σας προειδοποιήσουμε πως η αποστολή μας μπορεί να είναι επικίνδυνη», συνέχισε ο Σόφος. «Μπορεί να μη γυρίσουμε. Τότε θα είναι δική σας ευθύνη να φροντίζετε για να μην εξαφανιστούν τα ιπτάμενα γατάκια του Αιγίου!».

Ανήσυχα τα μικρά γατάκια κοίταζαν τους γονείς τους. Στη συνέχεια το ένα μετά το άλλο σηκωνόταν και αποχαιρετούσε τους γονείς του με ένα φιλάκι στη μύτη. «Καλή τύχη!, και να γυρίσετε καλά», φώναξαν η Πανάκεια και ο Θεόδωρος, όταν οι υπόλοιποι τέσσερις άπλωσαν τα φτερά τους και πέταξαν στον Όλυμπο.

Λίγες ώρες αργότερα τα γατάκια προσγειώθηκαν στο όρος των θεών.

«Και τώρα;», ρώτησε ο Καικίας.

«Πρώτα θα ξεκουραστούμε λιγάκι», πρόσταξε η Νεφέλη.

«Μα δε νυστάζω καθόλου», αποκρίθηκε ο Καικίας ανήσυχος.

«Εντάξει, ξεκίνα τότε και ψάξε το θεό Ήλιο», αποφάσισε ο Σόφος. Δεν πρόλαβε ο Σόφος να το πει και ο γατούλης έφυγε. Επιτέλους μπορούσε να δείξει την ταχύτητά του. Έσπευσε να τον βρει.

halb wollen wir euch nicht verheimlichen, dass unsere Mission gefährlich werden kann«, fuhr Sophos fort. »Es kann sein, dass wir nicht zurückkehren. Dann liegt es an euch, dafür zu sorgen, dass die fliegenden Kätzchen von Aigio nicht aussterben!«

Bedrückt schauten die kleinen Katzen ihre Eltern an. Dann stand eines nach dem anderen auf und verabschiedete sich der Reihe nach mit einem Nasenküsschen von ihnen.

»Viel Glück und kehrt gesund zurück!«, riefen Panakea und Theodoros, als die vier ihre Flügel ausbreiteten und in Richtung des Olymps davon flogen.

Bereits wenige Stunden später landeten die Katzen auf dem Berg der Götter.

»Und was nun?«, fragte Kaikias.

»Zuerst einmal ruhen wir uns etwas aus«, bestimmte Nefeli.

»Ich bin aber gar nicht müde«, entgegnete Kaikias zappelig.

»Gut, dann flieg los und suche Helios, den Sonnengott!«, entschied Sophos.

Das ließ sich das Katerchen nicht zwei Mal sagen. Endlich konnte er mal wieder seine Schnelligkeit unter Beweis stellen.

«Ξυπνήστε! Τον βρήκα!», ηχούσε μετά από λίγο με μεγάλη αγωνία η φωνή του. Ξύπνησε την οικογένειά του. Αμέσως όλοι σηκώθηκαν.

«Και πού βρίσκεται;», ήθελε να μάθει ο Σόφος.

«Όχι μακριά από εδώ. Ελάτε!, μόλις αυτή τη στιγμή τσακώνεται με έναν άλλο θεό.»

Μετά από λίγο τα τέσσερα γατάκια έφτασαν σε ένα μικρό λόφο γεμάτο με μικρά λιβάδια και πολύχρωμα λουλούδια. Εκεί βρίσκονταν οι δυο θεοί και έβριζαν ο ένας τον άλλο. Κοντά τους καθόντουσαν δυο αγόρια και κοίταζαν μια τον ένα και μια τον άλλο.

«Τον Ήλιο τον γνωρίζω», ψιθύρισε η Μυρίνη. «Αλλά ο άλλος ποιος είναι;».

«Αυτός είναι ο Πλούτωνας. Ο θεός των θησαυρών που βγαίνουν από τη γη», εξήγησε σιγανά η Νεφέλη. «Το αγόρι με τα μαύρα μαλλιά είναι ο γιός του ο Σεβαστός. Ο ξανθός δίπλα του λέγεται Φαέθωνας και είναι γιός του Ήλιου.»

Ξαφνικά ακούστηκε μια σιγανή φωνή. «Καλώς ορίσατε γατάκια της Ήρας. Ευτυχώς που ήρθατε!».

Τα γατιά κοίταζαν γύρω τους με απόγνωση. Η Μυρίνη θαύμαζε την όμορφη γυναίκα με την πολύτιμη φορεσιά της.

Eilig machte er sich davon.

»Wacht auf! Ich habe ihn gefunden!«, ertönte bereits wenig später seine aufgeregte Stimme und riss seine Familie aus dem Schlaf. Sofort sprangen alle auf.

»Wo hält er sich auf?«, wollte Sophos wissen.

»Nicht weit von hier. Kommt mit, er zankt sich gerade mit einem anderen Gott.«

Bald schon erreichten die vier Katzen einen kleinen Hügel, auf dem saftiges Gras wuchs und bunte Blumen blühten. Auf der Wiese standen sich zwei Götter gegenüber und warfen sich wüste Beschimpfungen an den Kopf. In ihrer Nähe hockten zwei Knaben und schauten von einem zum anderen.

»Helios erkenne ich«, wisperte Myrine, »aber wer ist der andere?«

»Das ist Plutos. Der Gott der aus der Erde kommenden Reichtümer!«, erklärte Nefeli leise.

»Der Junge mit dem schwarzen Haar ist sein Sohn Sevastos. Der Blonde, der neben ihm sitzt, heißt Phaethon und ist der Sohn Helios'.«

Plötzlich erklang eine leise Stimme. »Seid gegrüßt, Kätzchen der Hera. Gut, dass ihr gekommen seid!«

«Χαίρετε, ευγενική Κλυμένη», αποκρίθηκε η Νεφέλη και έσκυψε το κεφαλάκι της μπροστά στη σύζυγο του Ήλιου. «Πες μας, σε παρακαλώ, γιατί γίνεται αυτός ο τσακωμός ανάμεσα στον άνδρα σου και τον Πλούτωνα;». Στεναχωρημένη κούνησε το κεφάλι της η θεά. «Είναι γελοίο! Ο γιός μας ο Φαέθωνας νικήθηκε στην τοξοβολία από το φίλο του το Σεβαστό. Με αυτό τσαντίστηκε τόσο πολύ που χάλασε το αμπέλι του. Μετά πλακώθηκαν μεταξύ τους και ο Σεβαστός έσπρωξε κατά λάθος ένα μελίσσι. Όμως τα οργισμένα έντομα δεν έπεσαν πάνω στον ίδιο, αλλά στον Φαέθωνα και τον σακάτεψαν. Και παρόλο που θεραπεύτηκε αμέσως από τα τσιμπήματα, ο άνδρας μου οργίστηκε. Έβριζε το Σεβαστό και για αυτό το λόγο τσακώνεται εδώ και μέρες με τον πατέρα του.»

«Μμ! Για αυτό στη γη αυξάνεται όλο και περισσότερο η θερμοκρασία και καίγονται οι θησαυροί του Πλούτωνα», σκέφτηκε ο Καικίας.

«Προσπάθησα και με το καλό και με το κακό να ηρεμήσω τον Ήλιο, αλλά δεν τα κατάφερα», είπε με λύπη η Κλυμένη.

Η Νεφέλη σκέφτηκε λιγάκι. «Μυρίνη!, εσύ θα πας στον Φαέθωνα και θα του δείξεις πως ρίχνεις

Erstaunt schauten sich die Katzen um. Myrine starrte bewundernd die schöne Frau in ihrem kostbaren Gewand an.

»Sei auch du gegrüßt, edle Clymene«, erwiderte Nefeli und neigte ihr Köpfchen vor der Gemahlin des Sonnengottes. »Sag uns bitte, worum geht es in dem Streit zwischen deinem Mann und Plutos?«

Betrübt schüttelte die Göttin ihren Kopf. »Es ist eine alberne Nichtigkeit. Unser Sohn Phaeton hat beim Bogenschießen gegen seinen Freund Sevastos verloren. Darüber war er so verärgert, dass er dessen Pfeile zerbrach. Daraufhin begannen die beiden eine Prügelei, in deren Verlauf Sevastos einen Bienenkorb umstieß. Die wütenden Tiere stürzten sich aber nicht auf ihn, sondern auf Phaeton und stachen ihn. Obwohl ich die Stiche schnell behandelte, wurde mein Mann furchtbar wütend. Er gab Sevastos an all dem Geschehen die Schuld. Deswegen streitet er nun seit Tagen mit dessen Vater.«

»Deswegen wird es auf der Erde immer heißer und die Reichtümer und Schätze des Plutos´ verbrennen«, erkannte Kaikias.

»Ich habe schon alles versucht Helios zur Vernunft zu bringen, aber es gelingt mir nicht«, bedauerte Clymene.

καλά τα βέλη», είπε στην κόρη της. Παραξενεμένο το γατάκι, κοίταξε τη μάνα του.

«Από πού ξέρεις ότι ρίχνω καλά τα βέλη;».

«Πρώτα γιατί είμαι η μάνα σου και ξέρω πολύ περισσότερα από ότι νομίζεις κι ύστερα δεν είναι τυχαίο το ότι έχεις το όνομα της περίφημης βασίλισσας των αμαζόνων», χαμογέλασε η γάτα. «Εσύ Καικία θα πας στο Σεβαστό», απευθύνθηκε στο γιο της. «Θα τον μάθεις να αμύνεται με τα λόγια και να βρίσκει αποδείξεις ότι δε φταίει.»

Τα δυο γατάκια έσπευσαν προς τα αγόρια, περήφανα για τις σπουδαίες εντολές που είχαν.

Η Νεφέλη και ο Σόφος κατευθύνθηκαν προς τους πατεράδες που ακόμα τσακωνόντουσαν. Η Κλυμένη δε μπορούσε να καταλάβει τι έλεγαν τα δυο γατάκια στους θεούς, αλλά σίγουρα δεν ήταν ευγενικά λόγια. Η θεά είδε πως σηκώθηκε το άσπρο τρίχωμα της γάτας και από τα μάτια της πετάχτηκαν αστραπές. Ντροπιασμένος ο Ήλιος κατέβασε το βλέμμα του. Η Κλυμένη εντυπωσιάστηκε. Τέτοιο ταπεραμέντο δεν περί-μενε από τη γάτα. Και ο Σόφος έκανε ότι μπορούσε. Ναι μεν δε φώναζε, όμως τόνιζε τα λόγια του με άλλο τρόπο. Αγρίεψε από οργή, σήκωσε τα αυτιά του προς τα πίσω, και κούναγε απότομα την ουρά του.

Nefeli überlegte kurz. »Myrine, du gehst zu Phaeton und zeigst ihm, wie man treffsicher Pfeile abschießt«, wies sie ihre Tochter an.

Verwundert blickte das Kätzchen zu ihrer Mutter auf. »Woher weißt du, dass ich die Kunst des Bogenschießens beherrsche?«

»Erstens weil ich deine Mutter bin und mehr weiß als du denkst, und zweitens trägst du nicht umsonst den Namen einer der berühmtesten Amazonenköniginnen!«, schmunzelte die Katze.

»Du, Kaikias, gehst zu Sevastos«, wandte sie sich an ihren Sohn. »Bring ihm bei, wie er lernt, sich mit Worten zu verteidigen und Beweise für seine Unschuld findet.«

Die beiden Kätzchen flitzten zu den Jungen hinüber. Sie waren stolz über ihre wichtigen Aufgaben.

Nefeli und Sophos gingen zu den immer noch streitenden Vätern. Clymene konnte nicht hören, was die beiden geflügelten Tiere den Göttern sagten, aber es waren bestimmt keine freundlichen Worte. Die Göttin konnte sehen, wie sich das weiße Fell der Katze aufplusterte und aus ihren Augen Blitze schossen. Helios senkte beschämt seinen Blick. Clymene war beeindruckt. So viel Temperament hätte sie der Katze gar nicht zugetraut.

Αυτό το έκανε για κάμποση ώρα. Τελικά και οι τέσσερις μαζί σκύψανε τα κεφάλια τους. Η συζήτηση τέλειωσε και ο τσακωμός σταμάτησε. Η Κλυμένη ανακουφίστηκε. Επιτέλους ξανά βρήκαν την αρμονία τους.

«Πώς στο λύκο καταφέρατε να ησυχάσετε τους γκρινιάρηδες;», ρώτησε τη Νεφέλη και το Σόφος, όταν γύρισαν προς το μέρος της.

«Πολύ απλό», γέλασε ο σοφός γάτος. «Τους εξηγήσαμε ότι δε θα τους αναγνωρίζει πια κανένας άνθρωπος, ούτε αυτούς ούτε τους άλλους θεούς, αν δε σταμάταγαν τον τσακωμό, καθώς έκαιγαν τη γη και κατέστρεφαν τη σοδειά!».

Η θεά γέλαγε. «Πράγματι! Είστε πολύ έξυπνοι. Καλά έκανε η Ήρα και σας έστειλε στη γη. Είστε εξαιρετικοί διαμεσολαβητές ανάμεσα στο θεϊκό και τον ανθρώπινο κόσμο. Έχετε μπροστά σας και άλλες μεγάλες δοκιμασίες αλλά είμαι πεπεισμένη ότι θα τις καταφέρετε άνετα με το κοφτερό μυαλό σας. Επίσης σας υποδεχόμαστε εδώ στον Όλυμπο όποτε θέλετε, εσάς και τα παιδιά σας!».

Εκείνη τη στιγμή εμφανίστηκαν και η Μυρίνη και ο Καικίας. Μόλις που άκουσαν τα τελευταία λόγια της θεάς. Γεμάτοι χαρά ανάφεραν πως ο Φαέθωνας και ο Σεβαστός μάθαιναν πολύ γρήγο-

Auch Sophos tat sein Bestes. Er hielt zwar seine Stimme im Zaum, verlieh seinen Worten jedoch auf andere Weise Nachdruck. Er fauchte wütend, legte die Ohren an und zuckte wild mit seinem Schwanz. Das ging eine ganze Weile so. Schließlich senkten alles vier gleichzeitig ihre Köpfe. Die Gespräche waren beendet und der Streit beigelegt. Clymene atmete erleichtert auf. Endlich war die Harmonie wieder hergestellt.

»Wie habt ihr es bloß geschafft, die Streithähne zu besänftigen?«, fragte sie Nefeli und Sophos, als die beiden auf sie zukamen.

»Ganz einfach«, grinste der weise Kater. »Wir haben ihnen deutlich gemacht, dass sich bald kein Mensch mehr an sie und die anderen Götter erinnern würde, wenn sie ihren Streit nicht endlich beilegen und aufhören, die Erde zu verbrennen und die Ernte zu vernichteten!«

Die Göttin lachte. »Ihr seid wirklich sehr klug. Hera hat gut daran getan, euch auf die Erde zu schicken. Ihr seid hervorragende Mittler zwischen der Götter- und der Menschenwelt. Es liegen noch große Herausforderungen vor euch, aber ich bin überzeugt, dass ihr sie mit eurem Scharfsinn mühelos meistern werdet. Außerdem seid ihr und eure Kinder uns jederzeit hier auf dem Olymp herzlich willkommen!«

ρα και πως πέρασαν πολύ καλά μαζί τους. Παρόλο που τα γατάκια ήθελαν να μείνουν λίγο ακόμα στο όρος των θεών, υπέκυψαν τελικά στην επιθυμία των γονέων τους και ξεκίνησαν την πτήση για το σπίτι τους.

Στο σπίτι τους περίμεναν ήδη με μεγάλη χαρά η Πανάκεια και ο Θεόδωρος. Επιτέλους είχε ενωθεί ξανά η οικογένεια. Όπως είχε ήδη προβλεφτεί πέρασαν μαζί ακόμη πολλές περιπέτειες. Αρκετές φορές βοηθούσανε τους θεούς όταν ήταν ανάγκη αλλά και τους ανθρώπους του Αιγίου.

Τα ιπτάμενα γατάκια του Αιγίου υπάρχουν ακόμα και σήμερα. Και ποιος ξέρει; Ίσως μένει κάποιο κοντά σου. Και εσύ είσαι ένας από τους διαλεγμένους ανθρώπους που θα τα δει μια μέρα!;

In diesem Moment erschienen auch Myrine und Kaikias. Sie hatten die letzten Worte der Göttin gehört. Freudestrahlend berichteten sie, dass Phaethon und Sevastos gelehrige Schüler waren und sie viel Spaß miteinander gehabt hatten.

Obwohl die Kätzchen gerne noch etwas Zeit auf dem Götterberg verbracht hätten, fügten sie sich dem Wunsch der Eltern und begaben sich auf den Heimflug.

Zuhause wurden sie freudestrahlend von Panakea und Theodoros erwartet. Endlich war die Familie wieder vereint.

Wie es ihnen vorhergesagt worden war, erlebten Nefeli, Sophos, Panakea, Kaikias, Myrine und Theodoros noch viele Abenteuer. Sie halfen den Göttern ebenso wie den Menschen aus ihrer Not.

Die fliegenden Kätzchen von Aigio gibt es auch heute noch! Und wer weiß? Vielleicht wohnt sogar eines in deiner Nähe und du bist einer der auserwählten Menschen, der es eines Tages erblicken wird!?

Επίλογος

Η Νεφέλη και ο Σόφος έκανε ο Θανάσης και η σύζυγός του, η κανονική κοινωνία. Επίσης η Σωτηρία εξέτασαν πάνω από κάθε μέρα. Διαφορετικά, έπαιξαν με τις γάτες του χωριού και οδήγησε μια ήσυχη ζωή. Δύο φορές το χρόνο και πέταξαν προς τον Όλυμπο, να επισκεφθείτε την Ήρα και την άλλους φίλους εκεί. Αλλά, πάντα, τις δύο γάτες ήταν έτοιμοι να ανατρέψουν τους ανθρώπους και τους θεούς σε νέες επιχειρήσεις.

Η *Πανακέα* ήταν ένας μεγάλος θεραπευτής. Από μακριά οι άνθρωποι ήρθαν για να αντιμετωπίσει τους ασθένειες του γατάκι.

Εσεί και ο Μακαρίος έγινε αχώριστει. Ένα χρόνο αργότερα, έπειτα τέσσερις μαγικό γατάκι είδε το φως της ημέρας. Όλοι φορούσαν το "Μ" της θεάς Μήτις πάνω στο μέτωπό της και αρκετά κρυφά στις πλάτες τους ήταν μικρά φτερά.

Ο *Καικίας* ήταν ευτυχής και ικανοποιημένος για να κρατήσει τα όμορφα και πολύτιμα εκθέματα του Μουσείου. Πλήρης προσοχή, ήρθε μετά από την αυτοεπιβαλλόμενη καθήκον του. Αλλά όταν το Μουσείο παρέμεινε ακόμα και τις ημέρες έκλεισε για μερικά, πήγε στο δεύτερο πάθος: Ταξιδεύουν! Επειδή ήταν γρήγορη ως την βορειο-

Epilog

Nefeli und *Sophos* führten überwiegend ein beschauliches Leben. Sie spielten mit den Dorfkatzen oder leisteten ihren Menschenfreunden Gesellschaft. Hin und wieder besuchten sie den Geist Asterios oder flogen auf den Olymp, um Hera und die anderen göttlichen Wesen zu besuchen. Doch kam es auch häufig vor, dass sie sich für die Menschen und Götter in neue Wagnisse stürzten, um das friedliche Miteinander zu erhalten.

Panakea entwickelte sich zu einer großen Heilerin. Von weither kamen die Menschen, um von dem Kätzchen ihre Krankheiten behandeln zu lassen.

Sie und ihr Freund Makarios wurden unzertrennlich, und ein Jahr später erblickten vier zauberhafte Kätzchen das Licht der Welt. Alle trugen sie das ›M‹, das Zeichen der Göttin Metis auf ihrer Stirn, und ganz versteckt auf ihren Rücken zeichneten sich kleine Flügelchen ab.

Kaikas wurde ein ausgezeichneter Detektiv. Sein Spürsinn war enorm und er entwickelte außerge-

ανατολικοί άνεμοι, είδε πολλά από τη χώρα και τους ανθρώπους της σε ένα πολύ σύντομο χρονικό διάστημα και χαρά για μέρες το νέο τις εντυπώσεις του.

Η *Μυρίνη* έκανε το πάθος τους, σε μια σταδιοδρομία. Όταν οι αρχαιολόγοι έψαχναν για υποβρύχια θησαυρούς, βοήθησε τους, μαζί με δελφίνι φίλο για να βρείτε τα ερείπια του παλιού φορές και βουνά. Αλλά επίσης της άλλα χόμπι, τοξοβολία, δεν παρέλειψε αυτό. Κάθε μέρα, ασκείται και ικανοποιήθηκε μόνο ως διαχειριζόμενη σε μια σειρά σχετικά με τους βέλος για να έχουν κρεμαστεί στο ξύλο εκατό που φέρουν.

Ο Θεόδωρος μάθει να ασχοληθεί με τα οράματα του διανύσει κατά τη διάρκεια του χρόνο και τρόπο να τα ερμηνεύσει. Ήταν ένας, πέρα από τα σύνορα της χώρας, γνωστός και καταξιωμένος μάντη.

Και κάτι άλλο που συνέβη: Καθώς ο Δήμαρχος του Αιγίου ήταν τόσο καλός άνθρωπος και για όλους, είτε των ζώων ή του ανθρώπου, είχε πάντα μια λέξη είδος, οι θεοί αποφάσισαν να τον κάνει ένα δώρο. Από έπειτα επάνω, θα μπορούσε όχι

wöhnliche Fähigkeiten, die ihm halfen, seine Fälle zu lösen. Soweit es seine Arbeit zuließ bewachte er nachts die wertvollen Ausstellungsstücke im Museum. Zwischendurch ging er einem weiteren Vergnügen nach: Dem Reisen! Da er schnell wie der Nordostwind war, sah er in kürzester Zeit viel von Land und Leuten und erfreute sich an den neuen Eindrücken.

Myrine machte ihre Leidenschaft, sich im Wasser zu vergnügen, zum Beruf. Immer wenn Archäologen nach Unterwasserschätzen suchten, half sie ihnen, zusammen mit ihren Delfin-Freunden, die Überreste alter Zeiten zu finden und zu bergen. Doch auch ihr anderes Hobby, das Bogenschießen, vernachlässigte sie nicht. Tagtäglich übte sie und war erst zufrieden, wenn es ihr gelang, einhundert Fliegen hintereinander auf ihren Pfeil zu spießen.

Theodoros lernte im Laufe der Zeit mit seinen Visionen umzugehen und sie weise zu deuten. Er wurde ein, über die Grenzen des Landes hinaus berühmter und anerkannter Seher.

Und noch etwas geschah: Da der Bürgermeister von Aigio ein so herzensguter Mann war und für

μόνο τη γλώσσα της γάτες καταλαβαίνουν, … είδε τους πετούν! Έτσι τώρα ήταν ένας από τους «εκλεκτούς». Έδειξε μεγάλη ευθύνη αν αυτό δώρο και να κρατηθεί το μυστικό καλά.

jeden, ob Mensch oder Tier, stets ein freundliches Wort hatte, beschlossen die Götter auch ihm ein Geschenk zu machen. Fortan konnte er nicht nur die Sprache der Katzen verstehen, nein, er sah sie auch fliegen! Somit zählte nun auch er zu den wenigen ›Auserwählten‹. Er zeigte große Verantwortung ob dieser Gabe und hütete das Geheimnis gut.

Τα ιπτάμενα γατάκια του Αιγίου

Η Νεφέλη και ο Σόφος, δυο μικρά γατάκια, πρέπει να φύγουν από το σπίτι τους στον Όλυμπο. Έτσι όρισε ο πατέρας των θεών, ο Δίας, γιατί τα δυο γατάκια δεν τα πήγαιναν καθόλου καλά με τα σκυλιά του. Για τη θεά Ήρα είναι πολύ δύσκολο να αποχωριστεί τα αγαπημένα της γατάκια παρότι βρήκε μια πολύ όμορφη μεριά να τα στείλει. Βρίσκεται στο βορά της Πελοποννήσου, στη μικρή πόλη Αίγιο, για να ζήσουν τα δυο τους μια πολύ όμορφη ζωή από εδώ και πέρα.

Εκτός από αυτό δωρίζει στη Νεφέλη και στο Σόφος θαυμαστά δώρα κατά τον αποχαιρετισμό. Τα προικίζει με την ικανότητα να μιλάνε και να καταλαβαίνουν τη γλώσσα των ανθρώπων και τους χορηγεί θαυμάσια φτερά!

Τα μικρά γατάκια συνηθίζουν γρήγορα τη ζωή στη Γη.
Σε ένα μικρό χωριό βρίσκουν ένα μικρό σπίτι μέσα στα αμπέλια για να ζήσουν, καλούς φίλους και θα εμπειρία πολλές περιπέτειες.

Die geflügelten Kätzchen von Aigio

Die Kätzchen Nefeli und Sophos müssen ihr Zuhause auf dem Olymp verlassen. Göttervater Zeus hat es so bestimmt, weil die beiden ständig seine Hunde necken. Seine Frau, die Göttin Hera, ist darüber sehr traurig. Doch sie macht ihren Lieblingskatzen zum Abschied märchenhafte Geschenke. Unter anderem erhalten die zwei herrliche Flügel! Außerdem hat die Göttin einen wunderschönen Platz für die beiden gefunden. Im Norden der Peloponnes, nahe des Städtchens Aigio, inmitten von Weinbergen, warten nicht nur neue Freunde auf Nefeli und Sophos, sondern auch spannende Abenteuer. Eine aufregende Zeit beginnt.